99股市 进阶丛书第二辑

淘金弱势股

MACD战法99例

99 Advanced Series
of Books on Stock Market

吴国平 王炳洁 / 著

企业管理出版社

ENTERPRISE MANAGEMENT PUBLISHING HOUSE

图书在版编目（CIP）数据

MACD 战法 99 例 / 吴国平，王炳洁著 . —北京：企业管理出版社，2018.4

ISBN 978-7-5164-1689-1

Ⅰ.① M… Ⅱ.①吴… Ⅲ.①股票投资—基本知识 Ⅳ.① F830.91

中国版本图书馆CIP数据核字（2018）第052257号

书　　名：	MACD 战法 99 例	
作　　者：	吴国平　　王炳洁	
责任编辑：	李　　坚　　尚元经	
书　　号：	ISBN 978-7-5164-1689-1	
出版发行：	企业管理出版社	
地　　址：	北京市海淀区紫竹院南路17号　　　　邮编：100048	
网　　址：	http：//www.emph.cn	
电　　话：	总编室（010）68701719　　发行部（010）68701816　　编辑部（010）68414643	
电子信箱：	qiguan1961@163.com	
印　　刷：	涿州市京南印刷厂	
经　　销：	新华书店	
规　　格：	170毫米×230毫米　　16开本　　13.25印张　　165千字	
版　　次：	2018年4月第1版　　2018年4月第1次印刷	
定　　价：	40.00元	

/前言/PREFACE

"太阳底下没有新鲜事儿"，股市也是如此。当你心存侥幸以为"这次不一样"的时候，结果总是被市场无情地教训。历史不会简单地重演，但历史总是惊人地相似，也正因为此，无数股市高手谆谆告诫：牢记历史先例！

对于普通股票投资者来说，牢记历史先例有两个途径：一是牢记自己操作中获取的经验与教训；二是从他人的操作中吸取经验教训。

蜚声世界的大投机家、德国"证券教父"安德烈·科斯托拉尼就极为看重经验在股票投资中的地位，这位活到93岁的犹太人晚年多次跟别人说："任何学校都教不出投机家，因为投机家的工具，除了经验外，还是经验。我不会用我80年的经验，去换取相当于我体重的黄金，对我来说，无论如何都不划算。"

与西方股票投资市场的成熟稳健相比，A股市场还相对年轻，更加躁动不安。在这样的市场中生存，经验更加重要。目前国内传授A股投资经验的书籍汗牛充栋，但作者鱼龙混杂，多数并非股市一线出身的操盘手，对股市经验的传授难免隔靴搔痒。为解决这个问题，给A股市场投资者提供国内一线操盘手的操盘经验，我们推出了"99股市进阶丛书"和

"私募操盘私房菜丛书"。两套丛书的作者大多来自国内私募基金的一线操盘手、经验丰富的自由投资人，他们在适者生存的市场环境中练就了各自的绝活，在奇幻莫测的A股市场历经多轮牛熊，早已成为手法老到的弄潮儿。其中，"99股市进阶丛书"为新股民和经验稍浅的股票投资者量身定做，每本书均通过99个典型案例来解读操盘经验，简洁明了，通俗易懂。"私募操盘私房菜丛书"的作者均为私募老总、基金经理、优秀操盘手，他们根据各自的操盘经验，共同为股民奉献出一道道异彩纷呈的"操盘私房菜"。这两套丛书都是国内操盘手多年实战经验的总结，希望广大股民能够吸取他人经验，结合自身特点优势，日积月累，早日成为能在股市中稳定获利的成熟投资者。

　　前期，我们推出了"99股市进阶丛书"第一辑"掘金强势股"，分别为《分时涨停战法99例》《急速拉升战法99种》《解剖牛股图谱99幅》，都是对强势牛股的分析解读。此次，我们推出"99股市进阶丛书"第二辑"淘金弱势股"，分别为《T+0战法99讲》《MACD战法99例》《弱市盈利战法精讲》。《T+0战法99讲》精选99个超短线T+0操作案例，分析了T+0战法的多种操作策略，帮助短线投资者降低持仓成本。《MACD战法99例》以MACD的背离为核心，结合多种因素及指标，综合分析MACD战法这种高成功率操作法，并提示一些操盘误区。《弱市盈利战法精讲》重点分析了弱市中成功率较高的几种操作思路，分析弱市盈利战法的一些规律和注意事项，在风险最小化的基础上实现盈利。

　　本套丛书形小量重，言简意赅，通篇干货，愿它能帮助广大股票投资者乘风破浪，纵横驰骋！

/目录/CONTENTS

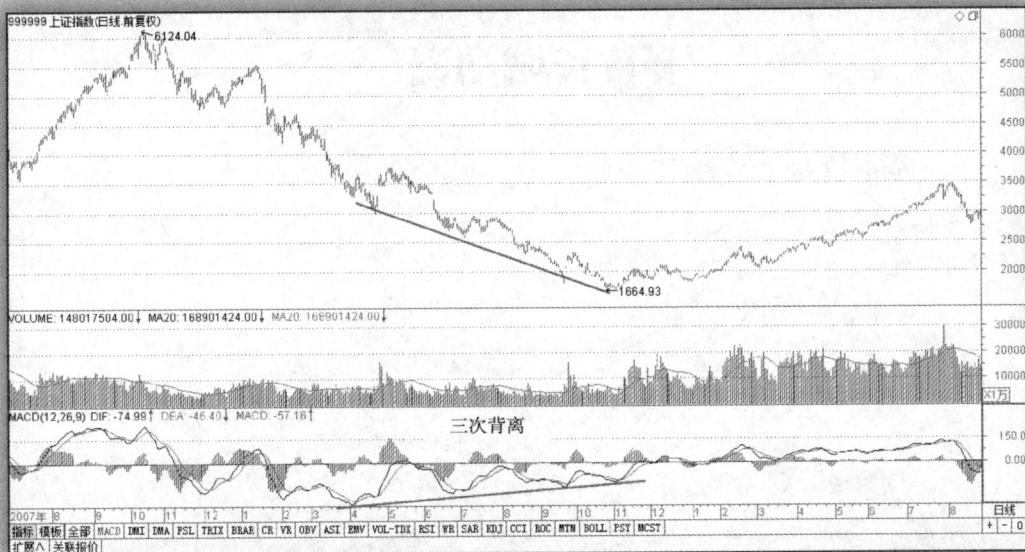

99股市进阶丛书第二辑

淘 金 弱 势 股

❶ 长城动漫

基本资料：

公司名称	长城国际动漫游戏股份有限公司		
英文名称	Great Wall International ACG Co.,Ltd.		
曾用简称	G圣达,隆源实业,隆源双登,四川圣达		
证券简称	长城动漫	证券代码	000835
成立日期	1994-01-19	上市日期	1999-06-25
证券类别	A股-主板	经济性质	-
法人代表	马利清	总经理	马利清
公司董秘	沈琼	证券代表	-
公司电话	86-28-85322086	公司传真	86-28-85322166
注册资本（万元）	32676.04	公司规模（人）	169
关联证券	-		
所属行业	互联网和相关服务		
概念板块	-		
所属指数	-		
公司网址	www.000835.com		
公司邮箱	sdsy@sdsycorp.com;shenq@sdsycorp.com		
注册地址	四川省成都市高新区紫薇东路16号		
办公地址	四川省成都市高新区天府大道北段1700号新世纪环球中心E5区E9层3-2-1412		
主营业务	动漫、动漫衍生品、游戏、旅游		
经营范围	（以下范围不含前置许可项目，后置许可项目凭许可证或审批文件经营）软件和信息技术服务业；进出口业；商品批发与零售；技术推广服务。		

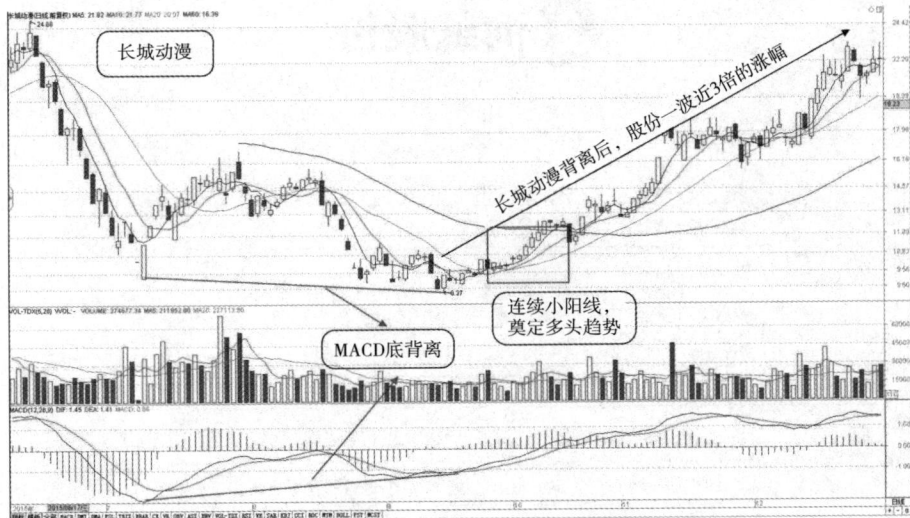

操盘点睛

连续小阳线，多头走势量变到质变的信号。

长城动漫，在两波股灾中，股价进行了两波杀跌，并且第二波下杀中股价创下了新低，但 MACD 的重心却是在不断上移，出现了背离买入信号。后期出现连续小阳线对背离信号进行进一步确认，开展了一波波澜壮阔的 3 倍行情。

心得感悟

❷海虹股份

基本资料：

公司名称	海虹企业(控股)股份有限公司		
英文名称	Searainbow Holding Corp.		
曾用简称	G海虹,ST海虹,海虹控股,琼海虹A,琼化纤		
证券简称	海虹控股	证券代码	000503
成立日期	1991-09-14	上市日期	1992-11-30
证券类别	A股-主板	经济性质	-
法人代表	康健	总经理	康健
公司董秘	肖琴	证券代表	刘雯雯,肖琴
公司电话	86-10-64424355	公司传真	86-898-68510496
注册资本(万元)	89882.22	公司规模(人)	1737
关联证券	-		
所属行业	互联网和相关服务		
概念板块	融资融券标的		
所属指数	沪深300,深证成指,深证300价格指数,深证100收益指数		
公司网址	www.searainbow.com		
公司邮箱	IR@searainbow.com		
注册地址	海南省海口市文华路18号文华大酒店七层		
办公地址	海南省海口市文华路18号文华大酒店七层		
主营业务	大健康服务产业，包括医药电子商务及交易业务、PBM业务及海虹新健康业务。		
经营范围	资产管理（不含金融资产）；投资策划咨询服务；化纤品、纺织品、服装的生产、销售；旅游资源开发；电子商务网络经营；网络信息服务；第二类增值电信业务中的信息服务业务（含互联网信息服务业务，不含固定电话信息服务业务）；网络工程项目投资；网络工程设计、安装、维护；技术开发及转让；网络软、硬件及配套设备、元器件、图书的销售。（凡需行政许可的项目凭许可证经营）		

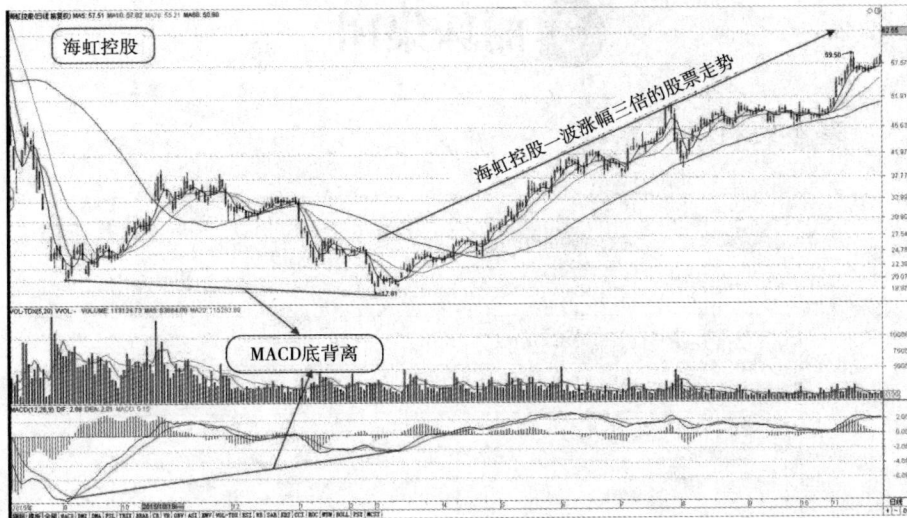

操盘点睛

第二波出现恐慌性的杀跌，股价短暂的跌破上一波新低。

海虹控股同样是股灾后两次杀跌，第二次杀跌的股价创了第一次杀跌的新低，但MACD却没有创新低，随后股价走出一波涨幅超过3倍的强劲走势。

心得感悟

❸ 丽珠集团

基本资料：

公司名称	丽珠医药集团股份有限公司		
英文名称	Livzon Pharmaceutical Group Inc.		
曾用简称	S丽珠,丽珠集团,粤丽珠A		
证券简称	丽珠集团	证券代码	000513
成立日期	1985-01-26	上市日期	1993-10-28
证券类别	A股-主板	经济性质	民营企业
法人代表	朱保国	总经理	陶德胜
公司董秘	杨亮	证券代表	王曙光
公司电话	86-756-8135888	公司传真	86-756-8886002
注册资本（万元）	55323.14	公司规模（人）	6297
关联证券	H股-丽珠医药(01513)		
所属行业	医药制造业		
概念板块	融资融券标的		
所属指数	深证成指,中证小盘500指数		
公司网址	www.livzon.com.cn		
公司邮箱	LIVZON_GROUP@livzon.com.cn		
注册地址	广东省珠海市金湾区创业北路38号总部大楼		
办公地址	广东省珠海市金湾区创业北路38号总部大楼		
主营业务	医药产品的生产,营销及科研领域,产品涉及化学药品、生化药品、生物工程药品 、化学合成原料药、抗生素、微生态制剂、中成药、诊断试剂、生物活性材料等各个医药领域的上百个品种		

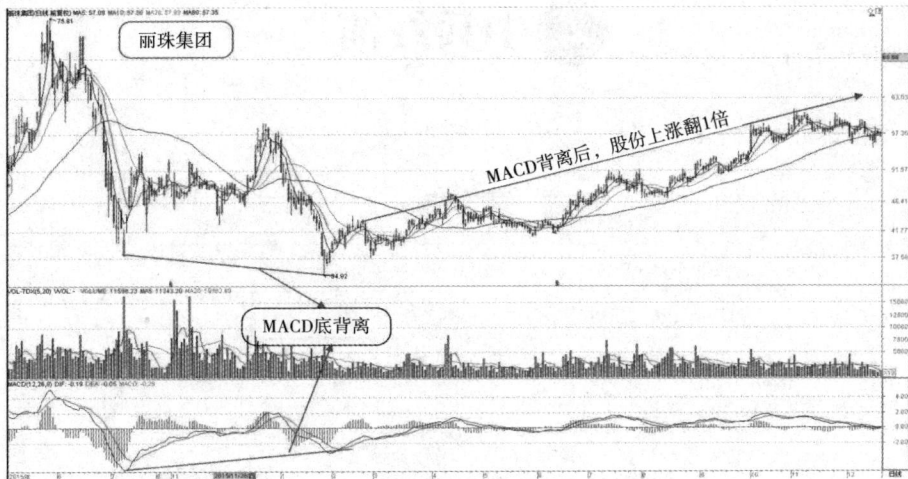

操盘点睛

出现背离后，股价后期走势幅度与顺畅程度，跟前期有强相关性，前期股价走势不流畅，后期股价走势不流畅的概率也比较大。

丽珠集团股灾后两次杀跌，第二次杀跌时股价再创新低，但MACD没有跟随创新低，出现背离买入信号。随后股价震荡上涨，涨幅超过100%。

心得感悟

❹ 中兵红箭

基本资料：

公司名称	中兵红箭股份有限公司
英文名称	North Industries Group Red Arrow Co.,Ltd.
曾用简称	G银动,江南红箭,蓉动力A,银河创新,银河动力

证券简称	中兵红箭	证券代码	000519
成立日期	1988-08-18	上市日期	1993-10-08
证券类别	A股-主板	经济性质	-
法人代表	陈建华	总经理	李玉顺
公司董秘	温振祥	证券代表	王新华
公司电话	86-377-83880269;86-377-83880277	公司传真	86-377-83882888
注册资本(万元)	140346.16	公司规模(人)	10524

关联证券	-
所属行业	专用设备制造业
概念板块	-
所属指数	深证300价格指数,中证小盘500指数,深证成指
公司网址	www.diamond-zn.com
公司邮箱	zqswb@zhongnan.net;wzx5103@163.com;wxhbfjj@sina.com
注册地址	湖南省湘潭国家高新技术产业开发区德国工业园莱茵路1号
办公地址	河南省南阳市仲景北路1669号中南钻石有限公司院内
主营业务	包括大口径炮弹、火箭弹、导弹、子弹药等在内的智能弹药产品研发制造等军品业务板块，超硬材料板块，包括专用车辆、内燃机配件、改装车、车底盘结构件及其他配件系列产品等的专用车及汽车零部件业务板块。

操盘点睛

　　快速跌穿前期低位再快速拉回股价，预示着后期股价的走势往往比较凶悍。

　　中兵红箭股价受消息刺激，短期击穿前期低位，但 MACD 却还在高位，没有创下新低，出现背离信号，后面股价快速收复失地，短期一个月涨幅超过 50%。

心得感悟

❺ 陕国投A

基本资料：

公司名称	陕西省国际信托股份有限公司		
英文名称	Shaanxi International Trust Co.,Ltd.		
曾用简称	G陕国投,陕国投A		
证券简称	陕国投A	证券代码	000563
成立日期	1984-11-01	上市日期	1994-01-10
证券类别	A股-主板	经济性质	国有控股
法人代表	薛季民	总经理	姚卫东
公司董秘	李玲	证券代表	孙一娟
公司电话	86-29-81870262;86-29-88897633	公司传真	86-29-88851989
注册资本（万元）	309049.17	公司规模（人）	367
关联证券	-		
所属行业	其他金融业		
概念板块	融资融券标的		
所属指数	深证300成长全收益指数,中证小盘500指数,深证成指,深证300价格指数		
公司网址	www.siti.com.cn		
公司邮箱	sgtdm@siti.com.cn		
注册地址	陕西省西安市高新区科技路50号金桥国际广场C座		
办公地址	陕西省西安市高新区科技路50号金桥国际广场C座		
主营业务	信托存贷款、投资；委托存贷款、投资；有价证券；金融租赁；房地产投资等。		

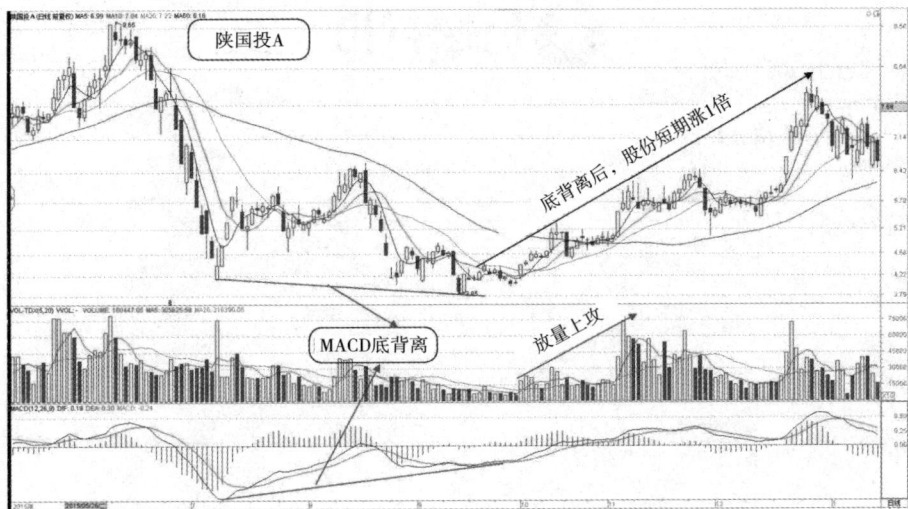

操盘点睛

背离后，成交量的大小是决定能否实现反转的关键。

陕国投 A 股价走势图，MACD 重心不断抬高，股价却创了新低，出现背离买入信号，后期股价走出翻倍行情。上涨期间结合成交量的不断放大。

心得感悟

❻ 恒逸石化

基本资料：

公司名称	恒逸石化股份有限公司		
英文名称	Hengyi Petrochemical Co.,Ltd.		
曾用简称	*ST光华,ST光华,S光华,世纪光华,招商股份		
证券简称	恒逸石化	证券代码	000703
成立日期	1990-05-08	上市日期	1997-03-28
证券类别	A股-主板	经济性质	-
法人代表	方贤水	总经理	楼翔
公司董秘	郑新刚	证券代表	陈莎莎,邓小龙
公司电话	86-571-83871991	公司传真	86-571-83871992
注册资本（万元）	164842.44	公司规模（人）	6463
关联证券	-		
所属行业	化学纤维制造业		
概念板块	-		
所属指数	深证成指,中证小盘500指数		
公司网址	www.hengyishihua.com		
公司邮箱	hysh@hengyi.com		
注册地址	广西壮族自治区北海市北海大道西16号海富大厦第七层G号		
办公地址	浙江省杭州市萧山区市心北路260号恒逸·南岸明珠3栋24楼		
主营业务	生产和销售精对苯二甲酸（PTA）和聚酯纤维（涤纶）等相关产品。		
经营范围	实业投资；生产和销售化学纤维、化工原料及产品（除化学危险品及易制毒化学品）；销售煤炭、有色金属、建筑材料和机电产品及配件；仓储运输、货运代理；经营本企业及本企业成员企业自产产品和生产、科研所需的原材料、机械设备、仪器仪表、零配件及相关的进出口业务（国家禁止进出口的商品除外）；房地产投资。		

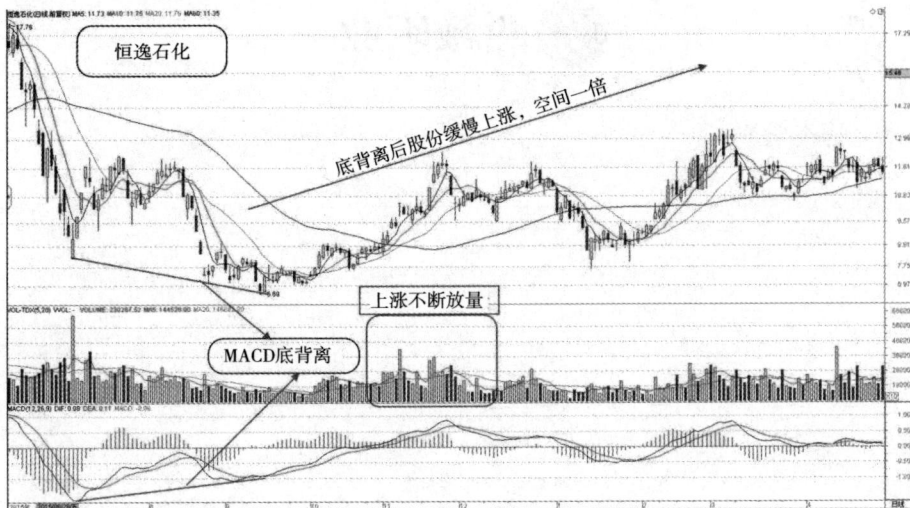

操盘点睛

量能越大，后期股价涨幅空间越大。

恒逸石化在股灾第二波中，股价创下前一波的新低，但 MACD 重心却是不断抬高的，出现了背离买入信号。

心得感悟

7 西藏矿业

基本资料：

公司名称	西藏矿业发展股份有限公司		
英文名称	Tibet Mineral Development Co.,Ltd.		
曾用简称	G藏矿业,西藏矿业		
证券简称	西藏矿业	证券代码	000762
成立日期	1997-04-10	上市日期	1997-07-08
证券类别	A股-主板	经济性质	-
法人代表	戴扬	总经理	金国林
公司董秘	王迎春	证券代表	宁秀英
公司电话	86-891-6872095;86-28-853 55661;86-891-6872095	公司传真	86-891-6872095;86-28-853 51955;86-891-6872095
注册资本（万元）	52081.92	公司规模（人）	1098
关联证券	-		
所属行业	黑色金属矿采选业		
概念板块	融资融券标的		
所属指数	深证300价格指数,中证小盘500指数,深证成指		
公司网址	-		
公司邮箱	adslxzkycd@mail.sc.cninfo.net		
注册地址	西藏自治区拉萨市中和国际城金珠二路8号		
办公地址	西藏自治区拉萨市中和国际城金珠二路8号		
主营业务	铬铁矿、锂矿、铜矿、硼矿的开采、加工及销售和贸易业务。		
经营范围	许可经营项目：铬铁矿（有效期至2014年7月）；硼矿（有效期至2012年11月）；铜矿；锂矿、硼、氯化钠、氯化钾开采及销售（有效期至2022年9月12日）、多晶硅的采购及销售；固体矿产勘查、勘查工程施工；控制测量、地形测量、矿山测量丙级（有效期至2014年12月31日）；一般经营项目：进出口业务、矿业技术咨询；房屋租赁；土畜产品、中药材、运输设备的销售（以上项目涉及行政许可的、凭行政许可证或审批文件经营）。		

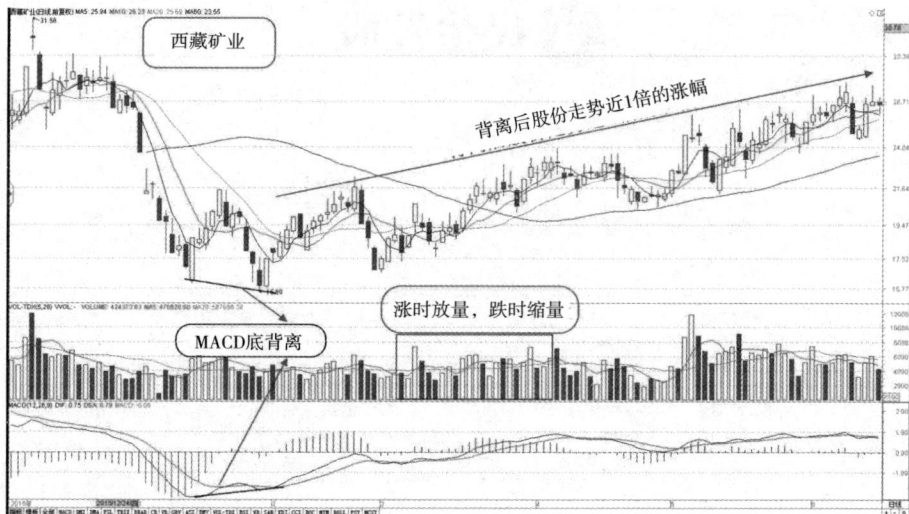

操盘点睛

放巨量大阳线，往往是上攻行情的起点。

西藏矿业在 16 年的熔断行情下进行两次下杀，第二次股价打出前一次的低点，但 MACD 的重心还在不断抬高，出现背离买入信号。随后股价再一次下探，但没有创下新低，一根放巨量的大阳线进一步确认了底背离信号，之后短短两个月时间股价走出翻倍行情。

心得感悟

⑧ 民生控股

基本资料：

公司名称	民生控股股份有限公司		
英文名称	Minsheng Holdings Co.,Ltd.		
曾用简称	G健特,ST国货,ST青健,华馨实业,健特生物,民生投资,青岛国货		
证券简称	民生控股	证券代码	000416
成立日期	1993-06-12	上市日期	1996-07-19
证券类别	A股-主板	经济性质	国有控股
法人代表	余政	总经理	陈家华
公司董秘	张颖	证券代表	王成福
公司电话	86-10-85259007	公司传真	86-10-85259595
注册资本（万元）	53187.15	公司规模（人）	473
关联证券	-		
所属行业	其他金融业		
概念板块	-		
所属指数	-		
公司网址	www.mskg.com.cn		
公司邮箱	sz000416@163.com		
注册地址	山东省青岛市崂山区株州路151号		
办公地址	北京市东城区建国门内大街28号民生金融中心A座15层		
主营业务	主要从事商品零售业务，以及在公司股东大会授权范围内通过购买银行理财产品、基金、股票等利用闲置资金进行短期理财和委托贷款、购买信托产品等对外投资业务。		
经营范围	一般经营项目：股权投资，资产管理，资本经营及相应咨询与服务。（以上范围需经许可经营的，须凭许可证经营）		

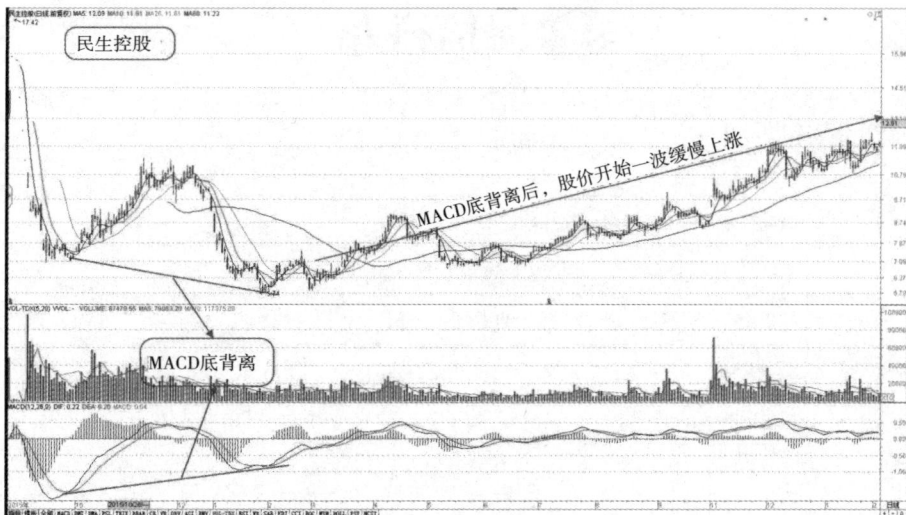

📈 操盘点睛

MACD 背离时，股价在上一波最低点以下的时间越短，后期股价往上走的时候越顺畅。

民生控股在股灾后复牌第一波大跌后，在股灾第二波股价杀出新低，但是 MACD 却没有跟随杀出新低，出现日线底背离信号，随后出现小碎步的阳线走强，后期涨幅超过 100%。

📈 心得感悟

❾ 海信科龙

基本资料：

公司名称	海信科龙电器股份有限公司		
英文名称	Hisense Kelon Electrical Holdings Co.,Ltd.		
曾用简称	*ST科龙,S*ST科龙,ST科龙,科龙电器		
证券简称	海信科龙	证券代码	000921
成立日期	1992-12-16	上市日期	1999-07-13
证券类别	A股-主板	经济性质	-
法人代表	汤业国	总经理	贾少谦
公司董秘	黄倩梅	证券代表	黄倩梅
公司电话	86-757-28362570	公司传真	86-757-28361055
注册资本（万元）	136272.54	公司规模（人）	33967
关联证券	H股-海信科龙(00921)		
所属行业	电气机械和器材制造业		
概念板块	融资融券标的		
所属指数	-		
公司网址	www.kelon.com		
公司邮箱	kelonsec@hisense.com		
注册地址	广东省佛山市顺德区容桂街道容港路8号		
办公地址	广东省佛山市顺德区容桂街道容港路8号		
主营业务	冰箱、空调器及家用电器的制造和销售业务。		
经营范围	主要从事冰箱、空调器及家用电器的制造和销售业务。		

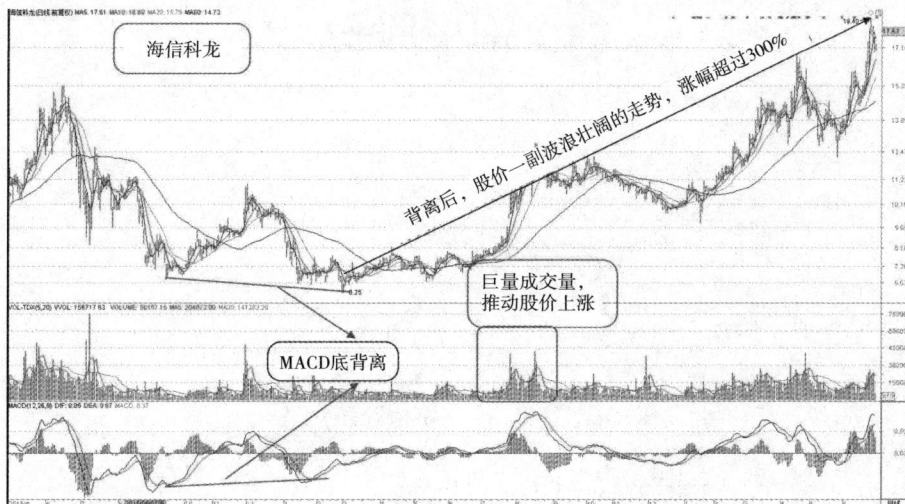

操盘点睛

股价能涨多高，往往由成交量决定。

海信科龙，2016年熔断股灾后，股价杀出前期股灾的新低，但MACD却没有创下新低，出现了背离买入信号。随后成交量不断放大，进一步确认了上涨的开始，巨量成交量拉动股价最终走出一波超过300%的走势。

心得感悟

❿ 福星股份

基本资料：

公司名称	湖北福星科技股份有限公司		
英文名称	Hubei Fuxing Science and Technology Co.,Ltd.		
曾用简称	G福星,福星科技,湖北川绳		
证券简称	福星股份	证券代码	000926
成立日期	1993-06-08	上市日期	1999-06-18
证券类别	A股-主板	经济性质	其他
法人代表	谭少群	总经理	冯东兴
公司董秘	汤文华	证券代表	肖永超
公司电话	86-27-85578818	公司传真	86-27-85578818
注册资本（万元）	94932.25	公司规模（人）	3732
关联证券	公司债-14福星01(112220),公司债-15福星01(112235),公司债-16福星01(118599),公司债-16福星02(118698),公司债-16福星03(118701),公司债-16福星04(118844),公司债-15福星01(112235),公司债-16福星05(114019),公司债-16福星06(114020),公司债-14福星01(112220)		
所属行业	房地产业		
概念板块	融资融券标的		
所属指数	深证成指,中证小盘500指数		
公司网址	www.chinafxkj.com		
公司邮箱	fxkj0926@chinafxkj.com		
注册地址	湖北省汉川市沉湖镇福星街1号		
办公地址	湖北省汉川市沉湖镇福星街1号		
主营业务	房地产业和金属制品业。		
经营范围	房地产开发、经营、管理；物业管理及租赁；高新技术的开发与高新技术项目投资。		

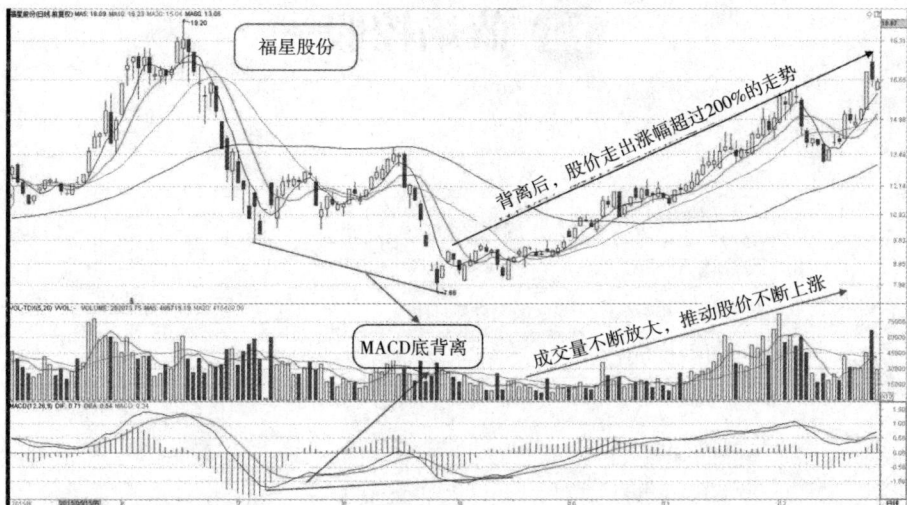

操盘点睛

股价杀得越深，上涨起来往往越凶悍。

福星股份，15年股灾两波杀跌，第二波的杀跌股价远远超过第一波的低点，MACD却依然坚挺在第一波的上方，出现背离买入信号。随后股价出现连续几个涨停板，进一步确认反攻即将开始，在成交量不断放大的推动下，股价最终走出一波超过200%涨幅的走势。

心得感悟

⑪ 蓝焰控股

基本资料：

公司名称	山西蓝焰控股股份有限公司		
英文名称	Shanxi Blue Flame Holding Company Limited		
曾用简称	*ST煤气, G煤气化, 煤气化, 神州股份		
证券简称	蓝焰控股	证券代码	000968
成立日期	1998-12-25	上市日期	2000-06-22
证券类别	A股-主板	经济性质	国有控股
法人代表	王保玉	总经理	董文敏
公司董秘	杨军	证券代表	-
公司电话	86-351-6019778;86-351-6019034	公司传真	86-351-6019034
注册资本（万元）	96750.27	公司规模（人）	2138
关联证券	公司债-10煤气02(112024), 公司债-ST煤气02(112024)		
所属行业	石油和天然气开采业		
概念板块	-		
所属指数	-		
公司网址	www.tynqh.com		
公司邮箱	mqh000968@126.com		
注册地址	山西省太原市和平南路83号		
办公地址	山西省太原市小店区晋阳街东洮三巷3号		
主营业务	原煤及洗精煤的生产和销售。		
经营范围	煤层气（煤矿瓦斯）开采、销售、管道运输、车辆运输；气体、固体矿产勘查；煤层气（煤矿瓦斯）工程设计、咨询、施工；煤矿瓦斯治理；以自有资金对外投资。（依法须经批准的项目，经相关部门批准后方可开展经营活动）。		

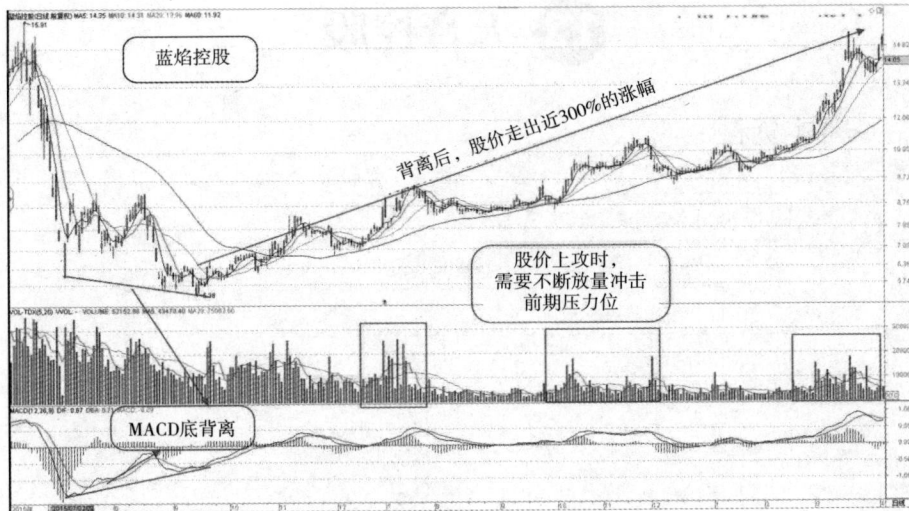

蓝焰控股

背离后，股价走出近300%的涨幅

股价上攻时，
需要不断放量冲击
前期压力位

MACD底背离

操盘点睛

　　蓝焰控股，在第二波的股灾后，股价创下新低，但 MACD 却不断往上走，出现 MACD 背离买入信号。随后的每一波上涨都伴随着成交量的不断放大，由于成交量的支撑，蓝焰控股走出了一波涨幅超过 300% 的凶悍走势。

心得感悟

⑫ 天音控股

基本资料：

公司名称	天音通信控股股份有限公司		
英文名称	Telling Telecommunication Holding Co.,Ltd.		
曾用简称	G赣南,赣南果业		
证券简称	天音控股	证券代码	000829
成立日期	1997-11-07	上市日期	1997-12-02
证券类别	A股-主板	经济性质	国有控股
法人代表	黄绍文	总经理	黄绍文
公司董秘	孙海龙	证券代表	韩若愚
公司电话	86-10-58300807	公司传真	86-10-58300805
注册资本（万元）	95931.35	公司规模（人）	3537
关联证券	-		
所属行业	批发业		
概念板块	融资融券标的		
所属指数	深证300价格指数,中证小盘500指数,深证成指		
公司网址	www.chinatelling.com		
公司邮箱	ir@chinatelling.com		
注册地址	江西省赣州市红旗大道20号		
办公地址	北京市西城区德外大街117号德胜尚城D座		
主营业务	手机分销、彩票、移动互联网、移动转售和白酒业务。		
经营范围	各类信息咨询服务（金融、证券、期货等国家有关规定的除外）、技术服务、技术咨询、摄影、翻译、展销通信设备和照相器材；经营文化办公机械、印刷设备、通信设备；水果种植、果业综合开发、果树良种繁育及技术咨询服务,农副土特产品、化工产品（除危险化学品		

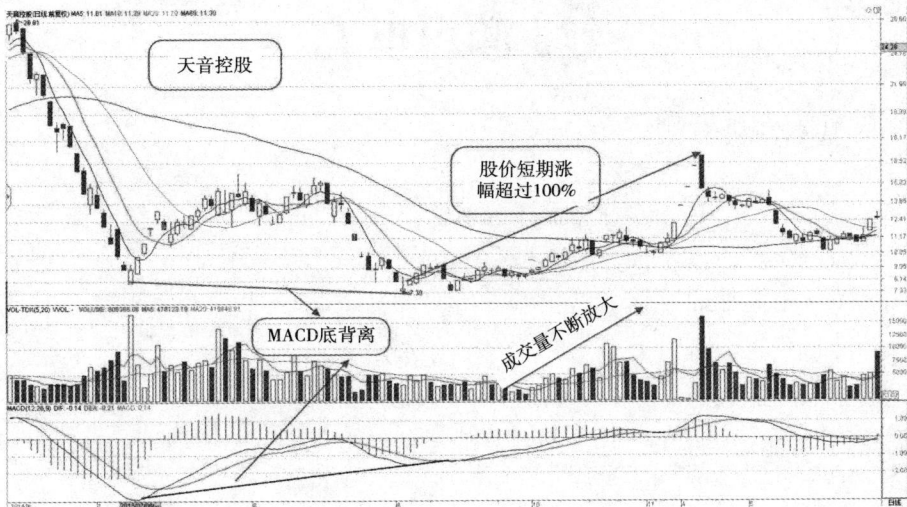

天音控股

股价短期涨幅超过100%

MACD底背离

成交量不断放大

📈 操盘点睛

　　上涨放量，下跌缩量，是健康的上涨走势。

　　天音控股，在股价创下新低的情况下，MACD却逆股价走势，重心不断抬高，出现背离买入信号。随后成交量不断放大，推动股价上涨，上涨幅度达到100%。

📈 心得感悟

---

⑬ 超声电子

基本资料：

公司名称	广东汕头超声电子股份有限公司		
英文名称	Guangdong Goworld Co.,Ltd.		
曾用简称	G超声,超声电子		
证券简称	超声电子	证券代码	000823
成立日期	1997-09-05	上市日期	1997-10-08
证券类别	A股-主板	经济性质	国有控股
法人代表	许统广	总经理	莫翊斌
公司董秘	陈东屏	证券代表	郑创文
公司电话	86-754-88192281*3012;86-754-88192281*3033	公司传真	86-754-83931233
注册资本（万元）	53696.60	公司规模（人）	6296
关联证券	-		
所属行业	计算机、通信和其他电子设备制造业		
概念板块	融资融券标的		
所属指数	-		
公司网址	www.gd-goworld.com		
公司邮箱	csdz@gd-goworld.com		
注册地址	广东省汕头市龙湖区龙江路12号		
办公地址	广东省汕头市龙湖区龙江路12号		
主营业务	电子仪器、仪器仪表、电子元器件、电子材料、家用电器、通讯产品（不含通信终端）电子计算机的制造、加工与销售		
经营范围	制造、加工、销售超声电子仪器、仪器仪表、电子元器件、电子材料、家用电器、通讯产品(不含通信终端)、电子计算机、超声电子仪器的技术服务，经营本公司及下属控股企业自产产品的出口业务、生产所需机械设备、零配件及原辅材料的进口业务。		

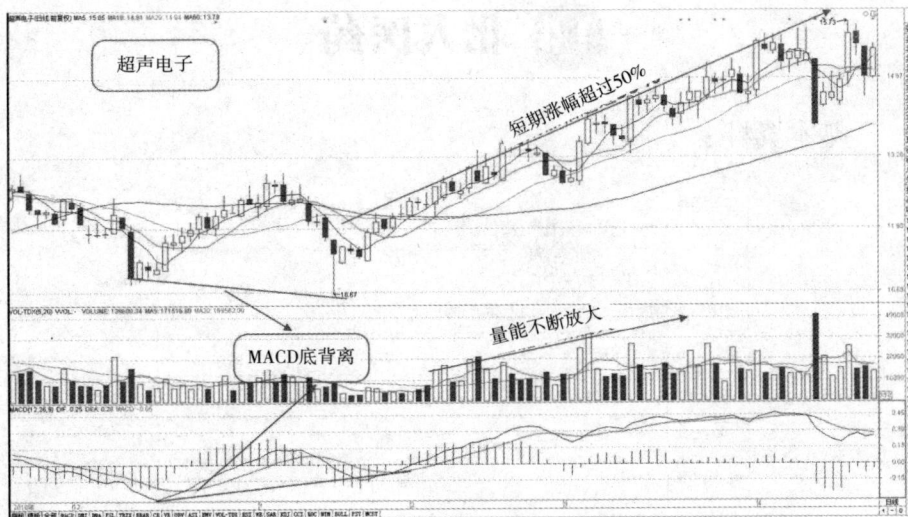

超声电子

短期涨幅超过50%

MACD底背离

量能不断放大

📈 操盘点睛

历史最低量，往往是最佳的买点。

2016 年熔断行情，超声电子股价创下 12 月份的新低，但 MACD 却逆势重心上移。随着成交量的不断放大，进一步确认上攻的开始，随后股价短期涨了 50%。

📈 心得感悟

⑭ 北大医药

基本资料：

公司名称	北大医药股份有限公司		
英文名称	PKU HealthCare Corp.,Ltd.		
曾用简称	G合成,ST合成,合成制药,西南合成		
证券简称	北大医药	证券代码	000788
成立日期	1993-05-18	上市日期	1997-06-16
证券类别	A股-主板	经济性质	-
法人代表	袁平东	总经理	袁平东
公司董秘	陈凯鸿	证券代表	-
公司电话	86-23-67525366	公司传真	86-23-67525300
注册资本（万元）	59598.74	公司规模（人）	825
关联证券	-		
所属行业	医药制造业		
概念板块	-		
所属指数	-		
公司网址	www.pku-hc.com		
公司邮箱	zqb@pku-hc.com;sspc@pku-hc.com		
注册地址	重庆市两江新区水土高新技术产业园方正大道21号		
办公地址	重庆市渝北区金开大道56号两江天地1单元9楼、10楼		
主营业务	研制开发、生产销售化学原料药及制剂产品		
经营范围	制造、销售（限本企业自产药品）片剂、硬胶囊剂（含抗肿瘤药）、颗粒剂、小容量注射剂、大容量注射剂、粉针剂（含头孢菌素类）及原料药（按许可证核定的产品项目从事生产经营），普通货运、危险货物运输（第2类第1、2项，第3类，第4类第1、2项，第5类第1项，第8类）。生产、销售饲料添加剂、食品添加剂，销售五金、交电、化工产品及原料（不含化学危险品）、百货、建筑材料、装饰材料（不含危险化学品）、钢材、木材、电器机械及器材、普通机械，制药技术咨询及转让，货物及技术进出口（依法须经批准的项目，经相关部门批准后方可开展经营活动）。		

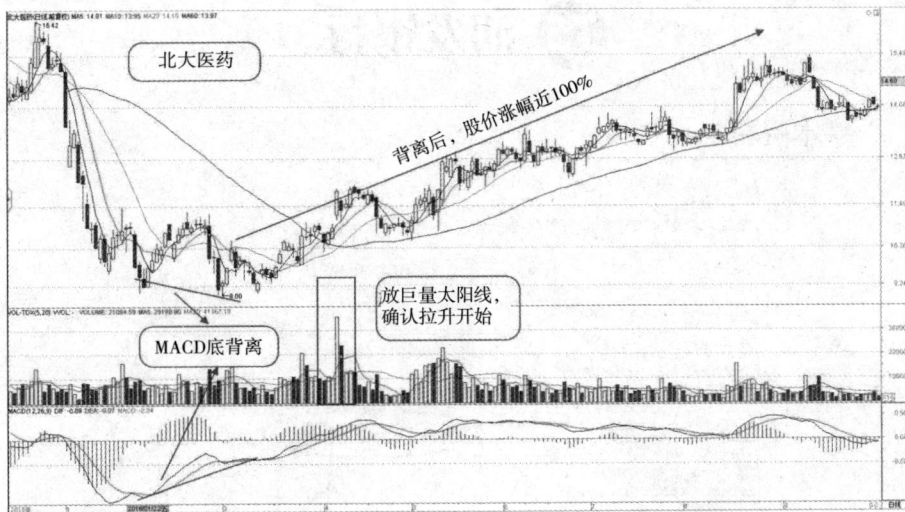

操盘点睛

短暂的创新低后拉回，往往是主力最后的洗盘。

北大医药，在 2016 年熔断行情下两次杀跌，第二次更多是一种深度洗盘，股价短暂创了新低，MACD 却没有创新低，出现背离买入信号。随后的一根巨量大阳线拉开了股价上涨的序幕，三个月涨幅超过 100%。

心得感悟

⓯ 浦发银行

基本资料：

公司名称	上海浦东发展银行股份有限公司		
英文名称	Shanghai Pudong Development Bank Co.,Ltd.		
曾用简称	G浦发,浦发银行		
证券简称	浦发银行	证券代码	600000
成立日期	1992-10-19	上市日期	1999-11-10
证券类别	A股-主板	经济性质	国有控股
法人代表	高国富	总经理	刘信义
公司董秘	谢伟	证券代表	吴蓉,杨国平
公司电话	86-21-63611226;86-21-616 18888	公司传真	86-21-63230807
注册资本（万元）	2935208.04	公司规模（人）	51212
关联证券	优先股-浦发优1(360003),优先股-浦发优2(360008)		
所属行业	货币金融服务		
概念板块	融资融券标的		
所属指数	沪深300,中证100指数,上证50,上证180		
公司网址	www.spdb.com.cn		
公司邮箱	bdo@spdb.com.cn;Shens2@spdb.com.cn;Yanggp@spdb.com.cn;wur2@spdb.com.cn		
注册地址	上海市中山东一路12号		
办公地址	上海市中山东一路12号		
主营业务	吸收公众存款；发放短期、中期和长期贷款；办理结算；办理票据贴现；发行金融债券；代理发行、代理兑付、承销政府债券；买卖政府债券；同业拆借；提供信用证服务及担保；代理收付款项及代理保险业务；提供保险箱业务；外汇存款；外汇贷款；外汇汇款；外币兑换；国际结算；同业外汇拆借；外汇票据的承兑和贴现；外汇借款；外汇担保；结汇、售汇；买卖和代理买卖股票以外的外币有价证券；自营外汇买卖；代客外汇买卖；资信调查、咨询、见证业务；离岸银行业务；证券投资基金托管业务；全国社会保障基金托管业务；经中国人民银行和中国银行业监督管理委员会批准经营的其他业务。		

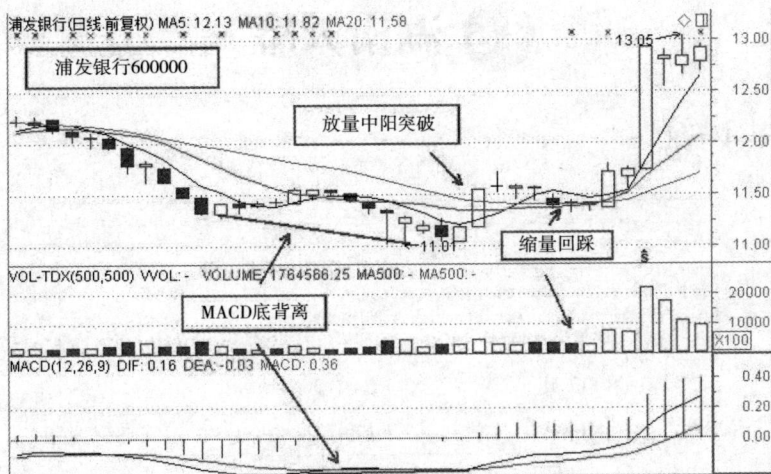

浦发银行(日线 前复权) MA5: 12.13 MA10: 11.82 MA20: 11.58

浦发银行600000

放量中阳突破

缩量回踩

MACD底背离

VOL-TDX(500,500) VOL: - VOLUME:1764586.25 MA500: - MA500: -

MACD(12,26,9) DIF: 0.16 DEA: -0.03 MACD: 0.36

📈 操盘点睛

中阳同时突破均线和下降趋势的底背离，威力不容小觑。

浦发银行在 2017 年 5 月 8 日见底后，随后形成 MACD 日线底背离节后出现明显的上涨，短期涨幅达 20%。中阳突破 20 天线和下降趋势，确认下降趋势的突破和日线底背离确立，策略上可分批建仓，缩量回踩 20 天线再加仓。

📈 心得感悟

⑯ 湖南天雁

基本资料：

公司名称	湖南天雁机械股份有限公司		
英文名称	Hunan Tyen Machinery Co.,Ltd.		
曾用简称	*ST轻骑,SST轻骑,ST轻骑,济南轻骑		
证券简称	湖南天雁	证券代码	600698
成立日期	1993-11-25	上市日期	1993-12-06
证券类别	A股-主板	经济性质	-
法人代表	周建国	总经理	刘鹏展
公司董秘	钟桥前	证券代表	刘青娥
公司电话	86-734-8532012	公司传真	86-734-8532003
注册资本(万元)	97181.74	公司规模(人)	1460
关联证券	B股-天雁B股(900946)		
所属行业	汽车制造业		
概念板块	-		
所属指数	-		
公司网址	www.tyen.com.cn		
公司邮箱	tyen5617@163.com		
注册地址	湖南省衡阳市石鼓区合江套路195号		
办公地址	湖南省衡阳市石鼓区合江套路195号		
主营业务	柴油发动机高效增压器、汽油发动机高效增压器、发动机进排气门及冷却风扇等发动机零部件的设计、开发、生产、销售。		
经营范围	增压器、活塞环、冷却风扇、节温器、气门及其他发动机零部件的设计、开发、生产、销售。		

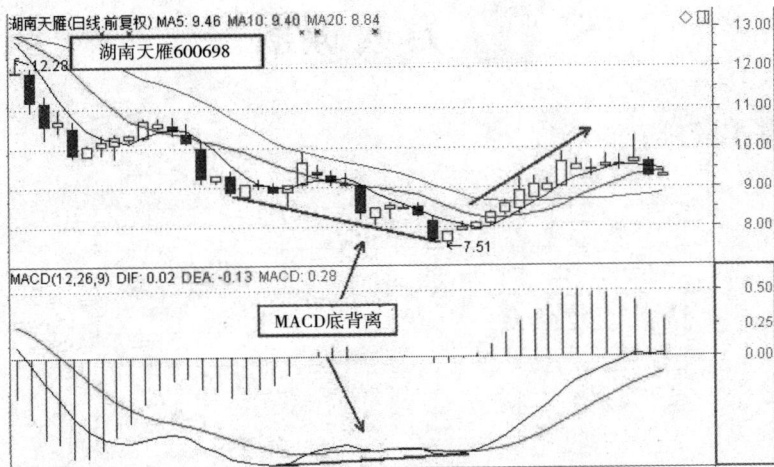

湖南天雁(日线,前复权) MA5: 9.46 MA10: 9.40 MA20: 8.84

湖南天雁600698

12.28

7.51

MACD(12,26,9) DIF: 0.02 DEA: -0.13 MACD: 0.28

MACD底背离

操盘点睛

连续杀跌后的小连阳碎步要重视。股价大幅下跌后以小连阳碎步突破多条均线，这是主力资金暗流涌动的表现，一旦底背离结构成型，我们应及时跟进。图中湖南天雁短短几天时间涨幅超过20%。

行情总是在绝望中诞生，一旦止跌企稳有底背离结构，反弹的空间也会较大。

心得感悟

17 方大碳素

基本资料：

公司名称	方大炭素新材料科技股份有限公司
英文名称	Fangda Carbon New Material Co.,Ltd.
曾用简称	*ST方大,*ST海龙,S*ST海龙,ST方大,海龙科技

证券简称	方大炭素	证券代码	600516
成立日期	1999-01-18	上市日期	2002-08-30
证券类别	A股-主板	经济性质	民营企业
法人代表	杨光	总经理	党锡江
公司董秘	宁庆才	证券代表	马华东
公司电话	86-931-6239320;86-931-6239122	公司传真	86-931-6239320,86-931-6239221
注册资本（万元）	178879.44	公司规模（人）	4704

关联证券	~
所属行业	非金属矿物制品业
概念板块	融资融券标的
所属指数	上证180,中证小盘500指数,上证中盘
公司网址	www.fdtsgs.com
公司邮箱	fdts730084@126.com;Ningqc@163.com;mhd6239226@126.com
注册地址	甘肃省兰州市红古区海石湾镇炭素路277号
办公地址	甘肃省兰州市红古区海石湾镇炭素路277号
主营业务	石墨电极、炭砖、炭糊、特种炭素新材料等石墨及炭素制品的生产销售。
经营范围	石墨及炭素新材料的研制、科技研发、技术推广、生产加工、批发零售；碳纤维、特种炭制品、高纯石墨制品、炭炭复合材料、锂离子电池负极材料的研制、科技研发、技术推广、生产加工、批发零售；经营本企业自产产品及技术的进出口业务；经营本企业生产所需的原辅材料、机械设备、仪器仪表、零配件及技术的进出口业务（国家限制品种除外）；经营进料加工和"三来一补"业务；餐饮服务、宾馆、住宿服务。

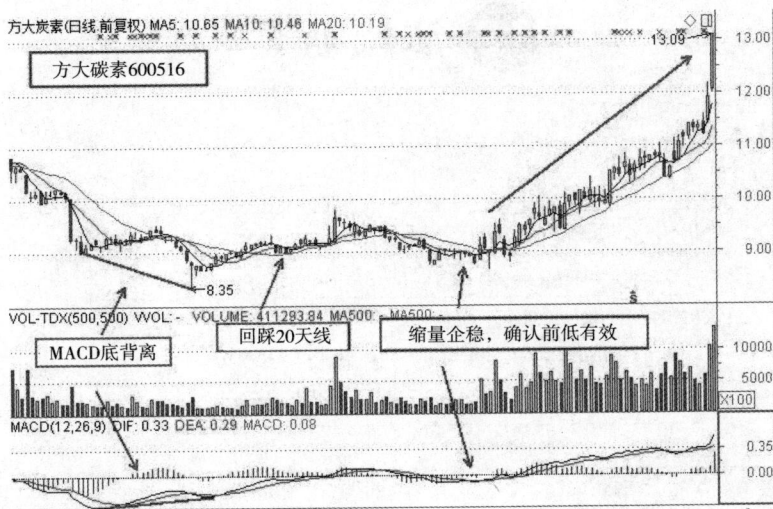

方大炭素(日线 前复权) MA5: 10.65　MA10: 10.46　MA20: 10.19

方大碳素600516

13.09

8.35

VOL-TDX(500,500) VVOL: -　VOLUME: 411293.84　MA500: -　MA500: -

MACD底背离

回踩20天线

缩量企稳，确认前低有效

MACD(12,26,9) DIF: 0.33 DEA: 0.29 MACD: 0.08

操盘点睛

底背离结构越清晰，威力会越大。

在市场恐慌性情绪影响下，方大碳素打出 8.35 元金针探底后形成 MACD 底背离结构。注意，这里的底背离结构很清晰，MACD 两个低点上下跨度比较大，这样的底背离威力会更大。

心得感悟

⑱ 法拉电子

基本资料：

公司名称	厦门法拉电子股份有限公司		
英文名称	Xiamen Faratronic Co.,Ltd.		
曾用简称	G法拉,法拉电子		
证券简称	法拉电子	证券代码	600563
成立日期	1998-12-12	上市日期	2002-12-10
证券类别	A股-主板	经济性质	-
法人代表	严春光	总经理	陈国彬
公司董秘	陈宇	证券代表	-
公司电话	86-592-6208666;86-592-6208505	公司传真	86-592-6208555
注册资本（万元）	22500.00	公司规模（人）	1675
关联证券	-		
所属行业	计算机、通信和其他电子设备制造业		
概念板块	融资融券标的		
所属指数	上证380,中证小盘500指数,上证小盘		
公司网址	www.faratronic.com		
公司邮箱	xuqj@faratronic.com.cn;wangyong@faratronic.com.cn;lhp@faratronic.com.cn		
注册地址	福建省厦门市海沧区新园路99号		
办公地址	福建省厦门市新园路99号		
主营业务	薄膜电容器的研发、生产和销售。		
经营范围	薄膜电容器及其金属化镀膜材料的制造；研究、开发各种类型的高新科技电子基础元器件及相关配套件；高新技术转让；批发机械电子设备、日用百货、纺织品、五金交电化工、建筑材料、工艺美术品；机电产品、轻工业品、化工产品的进出口和代理业务；本企业自营产品的出口及生产所需物资的进口；加工贸易业务。		

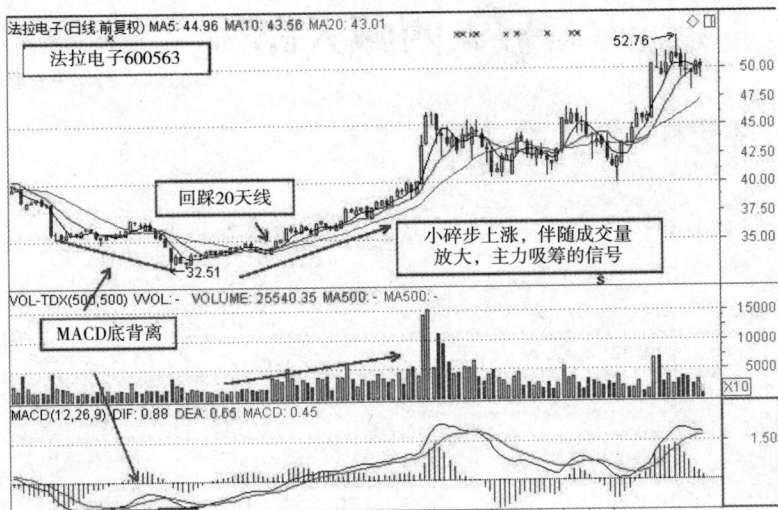

法拉电子(日线 前复权) MA5: 44.96 MA10: 43.56 MA20: 43.01

法拉电子600563

回踩20天线

32.51

小碎步上涨，伴随成交量
放大，主力吸筹的信号

52.76

50.00

47.50

45.00

42.50

40.00

37.50

35.00

VOL-TDX(500,500) VVOL: - VOLUME: 25540.35 MA500: - MA500: -

MACD底背离

15000

10000

5000

X10

MACD(12,26,9) DIF: 0.88 DEA: 0.55 MACD: 0.45

1.50

操盘点睛

　　法拉电子在出现日线底背离后小碎步爬升，突破20天线后回踩是个不错的买点。

　　需要注意的是，在股价上涨的时候成交量是呈温和放大的状态，很明显是超跌后主力吸筹的动作，操作上回踩10天线就是买点，后面迎来的是加速上涨。

心得感悟

⑲ 西藏天路

基本资料：

公司名称	西藏天路股份有限公司		
英文名称	Tibet Tianlu Co.,Ltd.		
曾用简称	G藏天路,西藏天路		
证券简称	西藏天路	证券代码	600326
成立日期	1999-03-29	上市日期	2001-01-16
证券类别	A股-主板	经济性质	-
法人代表	多吉罗布	总经理	刘中刚
公司董秘	西虹	证券代表	-
公司电话	86-891-6902701	公司传真	86-891-6903003
注册资本(万元)	86538.45	公司规模(人)	641
关联证券	-		
所属行业	土木工程建筑业		
概念板块	融资融券标的		
所属指数	上证380		
公司网址	www.xztianlu.com		
公司邮箱	xztlgf@263.net		
注册地址	西藏自治区拉萨市夺底路14号		
办公地址	西藏自治区拉萨市夺底路14号		
主营业务	公路工程施工的基础设施建设,主要承担西藏自治区内的公路桥梁的建设任务。		
经营范围	公路工程施工总承包（贰级）；公路路面工程专业承包（壹级）；桥梁工程专业承包（壹级）；市政公用工程施工总承包（贰级）；公路路基工程专业承包（贰级）；铁路工程施工总承包（叁级）；水利水电工程施工总承包（叁级）；房屋建筑工程施工总承包（贰级）；与公路建设相关的建筑材料(含水泥制品)的生产、销售；筑路机械配件的经营、销售；汽车维修；塑料制品；氧气制造、销售。承包境外公路工程和境内国际招标工程,上述境外工程所需的设备、材料出口,对外派遣实施上述工程所需的劳务人员。		

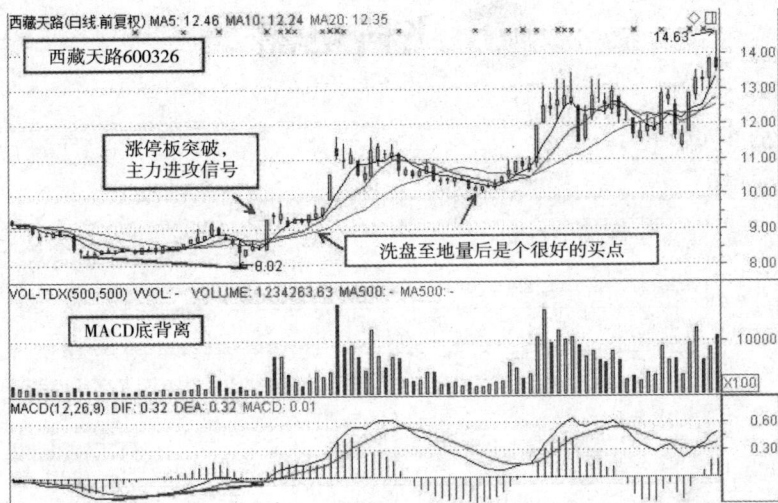

西藏天路(日线 前复权) MA5: 12.46 MA10: 12.24 MA20: 12.35

西藏天路600326

涨停板突破，
主力进攻信号

洗盘至地量后是个很好的买点

8.02

VOL-TDX(500,500) VVOL: VOLUME: 1234263.63 MA500: - MA500: -

MACD底背离

MACD(12,26,9) DIF: 0.32 DEA: 0.32 MACD: 0.01

操盘点睛

前期股价小阴小阳，成交量温和放大，是主力吸筹的标志。但
市场环境不好，在恐慌之下打出 MACD 底背离结构，这也算是错杀，
在企稳后是个不错的买点。

以涨停板的方式突破多条均线，这是主力强势出击的信号，若
前面没有及时上车，在短暂洗盘后，成交量洗成地量后是不容错过
的买点。

心得感悟

❷⓪ 飞科电器

基本资料：

公司名称	上海飞科电器股份有限公司		
英文名称	Shanghai Flyco Electrical Appliance Co.,Ltd.		
曾用简称	-		
证券简称	飞科电器	证券代码	603868
成立日期	2006-06-10	上市日期	2016-04-18
证券类别	A股-主板	经济性质	-
法人代表	李丏腾	总经理	李丏腾
公司董秘	乔国银	证券代表	王燚
公司电话	86-21-52858888	公司传真	86-21-52855050
注册资本（万元）	43560.00	公司规模（人）	2749
关联证券	-		
所属行业	电气机械和器材制造业		
概念板块	-		
所属指数	上证380,中证小盘500指数,上证小盘		
公司网址	www.flyco.com		
公司邮箱	flyco@flyco.com		
注册地址	上海市松江区广富林东路555号		
办公地址	上海市长宁区红宝石路500号东银中心B栋26楼		
主营业务	个人护理电器产品的研发、生产和销售		
经营范围	剃须刀及配件，家用电器及配件，金属制品的研发、制造、加工；剃须刀及配件、家用电器及配件、金属制品、针纺织品、服装鞋帽、日用百货、文具用品、体育用品、批发零售；从事货物及技术的进出口业务，绿化工程，水电安装，会务服务。（依法须经批准的项目，经相关部门批准后方可开展经营活动）		

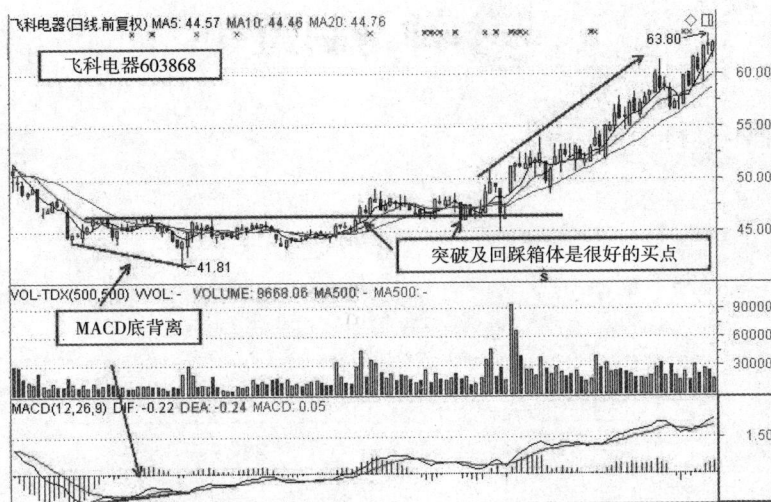

飞科电器(日线前复权) MA5: 44.57 MA10: 44.46 MA20: 44.76

飞科电器603868

63.80

41.81

突破及回踩箱体是很好的买点

MACD底背离

VOL-TDX(500,500) VVOL: - VOLUME: 9668.06 MA500: - MA500: -

MACD(12,26,9) DIF: -0.22 DEA: -0.24 MACD: 0.05

操盘点睛

恐慌性杀跌之后能快速收回,是有主力资金运作的股票,要重视。

飞科电器打出 41.81 元低点属于恐慌性杀跌打出来的低点,同时打出 MACD 底背离结构,被错杀后股价快速收回做一个平台整理。这里的盘面信号告诉我们这里跌不下去了,后面一旦放量上涨,将是上升趋势的开始。

心得感悟

㉑ 神奇制药

基本资料：

公司名称	上海神奇制药投资管理股份有限公司		
英文名称	Shanghai Shenqi Pharmaceutical Investment Management Co.,Ltd.		
曾用简称	*ST永生,G永生,永生股份,永生数据,永生投资		
证券简称	神奇制药	证券代码	600613
成立日期	1992-07-22	上市日期	1992-08-20
证券类别	A股-主板	经济性质	-
法人代表	张涛涛	总经理	冯斌
公司董秘	吴克兢	证券代表	李斌
公司电话	86-21-53750009	公司传真	86-21-53750010
注册资本（万元）	53407.16	公司规模（人）	1895
关联证券	B股-神奇B股(900904)		
所属行业	医药制造业		
概念板块	-		
所属指数	上证380		
公司网址	www.shenqipharma.com;www.gzsq.com		
公司邮箱	shanghaiys@126.com		
注册地址	上海市浦东新区上川路995号		
办公地址	上海市威海路128号长发大厦613室		
主营业务	药品的研发、生产与销售.		
经营范围	在国家法律允许和政策鼓励的范围内进行投资管理（以医药领域为主）。【依法须经批准的项目，经相关部门批准后方可开展经营活动】		

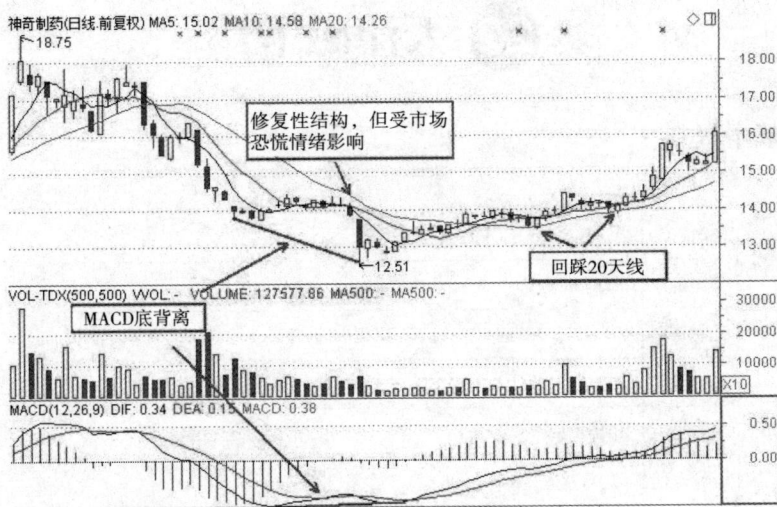

神奇制药(日线,前复权) MA5: 15.02 MA10: 14.58 MA20: 14.26

18.75

修复性结构，但受市场
恐慌情绪影响

12.51

回踩20天线

VOL-TDX(500,500) WOL: - VOLUME: 127577.86 MA500: - MA500: -

MACD底背离

MACD(12,26,9) DIF: 0.34 DEA: 0.15 MACD: 0.38

📈 操盘点睛

　　神奇制药从 18.75 元跌到 12.51 元，跌幅超过 30%，短线严重
超跌。在中途主力本来是想做一个修复性的反弹自救，但无奈受市
场环境影响打出 12.51 元低点，形成日线 MACD 底背离结构。地量
企稳后是不错的小仓位建仓点。

📈 心得感悟

㉒ 天津磁卡

基本资料：

公司名称	天津环球磁卡股份有限公司		
英文名称	Tianjin Global Magnetic Card Co.,Ltd.		
曾用简称	*ST磁卡,S*ST磁卡,SST磁卡,ST磁卡,天津磁卡		
证券简称	天津磁卡	证券代码	600800
成立日期	1993-11-30	上市日期	1993-12-06
证券类别	A股-主板	经济性质	-
法人代表	郭锴	总经理	高勇峰
公司董秘	李金宏	证券代表	秦竹青,张尧
公司电话	86-22-58585858*2191;86-22-58585662	公司传真	86-22-58585633
注册资本(万元)	61127.10	公司规模(人)	920
关联证券	-		
所属行业	计算机、通信和其他电子设备制造业		
概念板块	融资融券标的		
所属指数	-		
公司网址	www.gmcc.com.cn		
公司邮箱	tjck600800@sina.com;jrzqb@gmcc.com.cn		
注册地址	天津市空港物流加工区外环北路1号2-A001室		
办公地址	天津市河西区解放南路325号		
主营业务	卡类产品、包装印刷产品、有价证券产品、电脑表格产品的印制及房地产开发业务。		

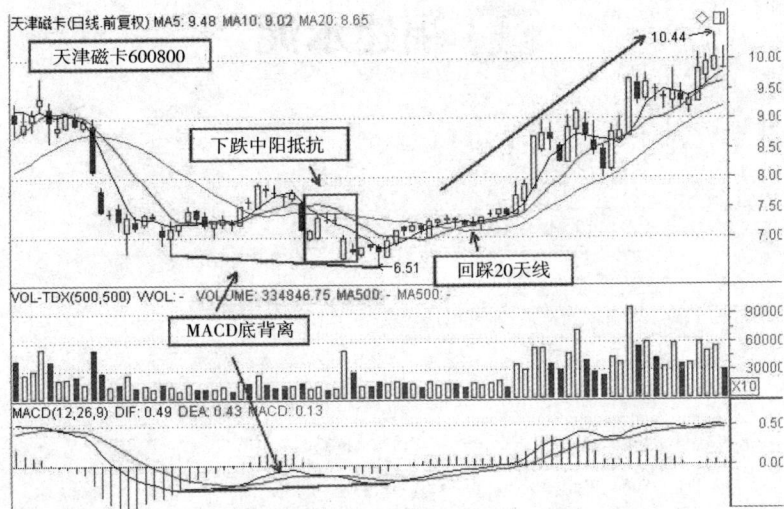

天津磁卡(日线 前复权) MA5: 9.48 MA10: 9.02 MA20: 8.65

天津磁卡600800

下跌中阳抵抗

10.44

回踩20天线

6.51

VOL-TDX(500,500) WOL: - VOLUME: 334846.75 MA500: - MA500: -

MACD底背离

MACD(12,26,9) DIF: 0.49 DEA: 0.43 MACD: 0.13

📈 操盘点睛

下跌途中中阳抵抗，要重视。

在形成 MACD 底背离结构中如果出现明显抵抗，说明有主力资金护盘。这种股票要重点关注，一旦企稳，反弹力度将会比较大。

底背离结构形成后，突破 20 天线后的回踩是个不错的买点。

📈 心得感悟

23 福建水泥

基本资料：

公司名称	福建水泥股份有限公司		
英文名称	Fujian Cement Inc.		
曾用简称	G闽水泥,福建水泥		
证券简称	福建水泥	证券代码	600802
成立日期	1993-11-27	上市日期	1994-01-03
证券类别	A股-主板	经济性质	-
法人代表	洪海山	总经理	何友栋
公司董秘	蔡宣能	证券代表	林国金
公司电话	86-591-87617751	公司传真	86-591-88561717
注册资本(万元)	38187.37	公司规模(人)	2298
关联证券	-		
所属行业	非金属矿物制品业		
概念板块	融资融券标的		
所属指数	-		
公司网址	www.fjcement.com		
公司邮箱	fujianshuini@126.com		
注册地址	福建省福州市杨桥路118号宏杨新城建福大厦		
办公地址	福建省福州市鼓楼区琴亭路29号福能方圆大厦		
主营业务	以水泥的生产及销售为基础,并进行其他建筑材料制造及技术服务、工业生产资料、柴油车总成大修、投资宾馆、旅游、房地产、物业管理等。		
经营范围	一般经营项目：建筑材料制作及技术服务(仅限分支机构经营)；对宾馆、旅游、房地产的投资；物业管理，对外贸易；煤炭经营。许可经营项目：货车维修(汽车二类：仅限福建水泥股份有限公司炼石水泥厂，有效期至2017年11月15日)。(以上经营范围涉及许可经营项目的，应在取得有关部门的许可后方可经营)		

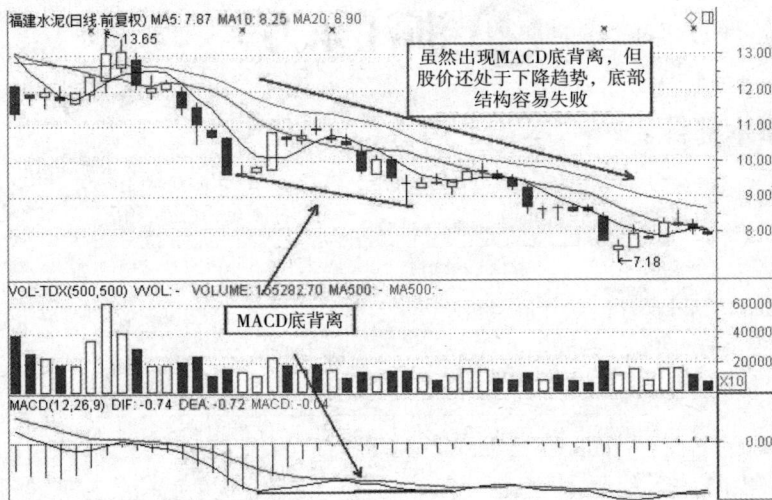

福建水泥(日线 前复权) MA5: 7.87 MA10: 8.25 MA20: 8.90

虽然出现MACD底背离，但股价还处于下降趋势，底部结构容易失败

13.65

7.18

MACD底背离

VOL-TDX(500,500) VVOL: -　VOLUME: 155282.70 MA500: - MA500: -

MACD(12,26,9) DIF: -0.74 DEA: -0.72 MACD: -0.04

操盘点睛

趋势第一，底背离结构第二。

福建水泥在下跌过程中形成了日线级别 MACD 底背离，但我们可以看到他的大趋势还是向下的，在趋势和 MACD 背离之间，我们要先判断趋势有没有扭转。回踩 20 天线企稳再买的话赚钱概率大，因为突破 20 天线回踩企稳后，趋势是已经扭转了。

心得感悟

㉔ 浙江东方

基本资料：

公司名称	浙江东方集团股份有限公司		
英文名称	Zhejiang Orient Holdings Co.,Ltd.		
曾用简称	G浙东方,浙江东方		
证券简称	浙江东方	证券代码	600120
成立日期	1992-12-15	上市日期	1997-12-01
证券类别	A股-主板	经济性质	-
法人代表	蓝翔	总经理	金朝萍
公司董秘	何欣	证券代表	姬峰
公司电话	86-571-87600383	公司传真	86-571-87600324
注册资本(万元)	67260.62	公司规模(人)	967
关联证券	-		
所属行业	批发业		
概念板块	融资融券标的		
所属指数	上证180,中证小盘500指数,上证中盘		
公司网址	www.zjorient.com		
公司邮箱	invest@zjorient.com		
注册地址	浙江省杭州市西湖大道12号		
办公地址	浙江省杭州市西湖大道12号		
主营业务	商贸流通业务、类金融业务。		
经营范围	进出口贸易(按经贸部核定目录经营)，承包境外工程和境内国际招标工程；上述境外工程所需的设备、材料出口；对外派遣工程、生产及服务行业的劳务人员(不含海员)，进口商品的国内销售，进出口商品的仓储、运输，实业投资开发，纺织原辅材料、百货、五金交电、工艺美术品、化工产品(不含危险品及易制毒化学品)、机电设备、农副产品(不含食品)、金属材料、建筑材料、矿产品(除专控)、医疗器械的销售，经济技术咨询。(依法须经批准的项目，经相关部门批准后方可开展经营活动)		

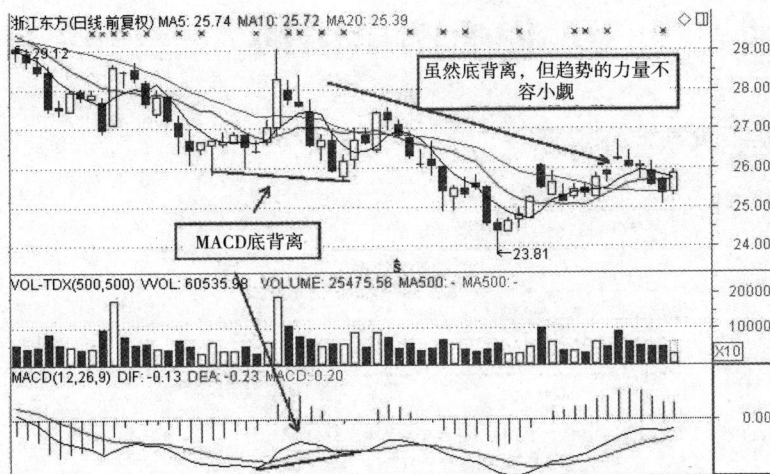

浙江东方(日线 前复权) MA5: 25.74 MA10: 25.72 MA20: 25.39

虽然底背离，但趋势的力量不容小觑

29.12

29.00
28.00
27.00
26.00
25.00
24.00
23.81

MACD底背离

VOL-TDX(500,500) VVOL: 60535.93 VOLUME: 25475.56 MA500: - MA500: -

20000
10000
X10

MACD(12,26,9) DIF: -0.13 DEA: -0.23 MACD: 0.20

0.00

📈 操盘点睛

图中可以看到，MACD 形成底背离之后，但股价还没有扭转下降趋势，所以还有进一步下探的可能。

MACD 底背离成型后出现中阳突破 20 天线，但随后回踩没有站稳，不符合买入点。

📈 心得感悟

㉕ 南京医药

基本资料：

公司名称	南京医药股份有限公司		
英文名称	Nanjing Pharmaceutical Company Limited		
曾用简称	G南药,南京医药		
证券简称	南京医药	证券代码	600713
成立日期	1994-01-25	上市日期	1996-07-01
证券类别	A股-主板	经济性质	-
法人代表	陶昀	总经理	周建军
公司董秘	李文骏	证券代表	王冠
公司电话	86-25-84552601;86-25-845 52680	公司传真	86-25-84552601;86-25-845 52680
注册资本 (万元)	89742.56	公司规模 (人)	4486
关联证券	-		
所属行业	零售业		
概念板块	-		
所属指数	-		
公司网址	www.njyy.com		
公司邮箱	600713@njyy.com		
注册地址	江苏省南京市雨花台区小行尤家凹1号(南京国际健康产业园)8号楼		
办公地址	江苏省南京市雨花台区小行尤家凹1号(南京国际健康产业园)8号楼		
主营业务	药品流通业务。		
经营范围	药品批发；医疗器械销售；药事管理服务；药品质量监控服务；药房托管；经营进出口业务（国家限定企业经营或禁止进出口的商品和技术除外）；信息咨询服务；预包装食品、乳制品（含婴幼儿配方乳粉）、散装食品的批发与零售；保健食品销售；道路运输、普通货物运输、货运代理；展示展览服务；仓储服务；百货、五金交电、日杂洗化用品、化妆品、劳保用品、汽车配件、摩托车配件、工程机械、金属材料、建筑材料、装饰材料、电子产品、照相器材、摄影器材、针纺织品、玻璃仪器、服装鞋帽销售；提供劳务服务；室内装饰服务；		

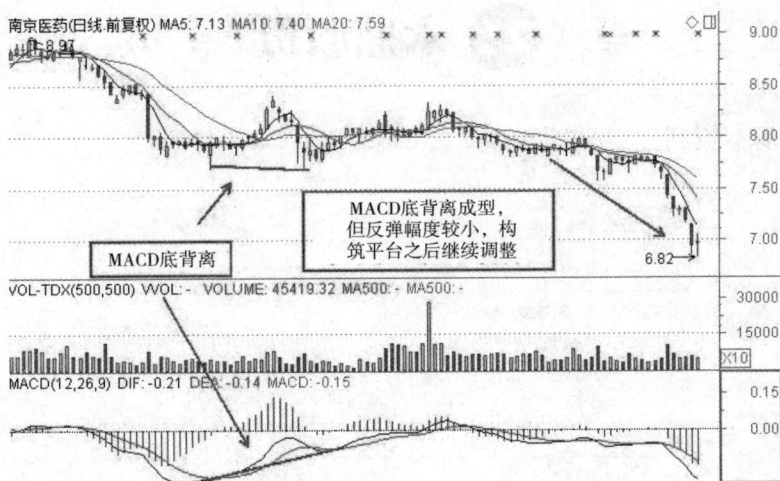

南京医药(日线,前复权) MA5: 7.13 MA10: 7.40 MA20: 7.59

MACD底背离

MACD底背离成型，
但反弹幅度较小，构
筑平台之后继续调整

6.82

VOL-TDX(500,500) VVOL: - VOLUME: 45419.32 MA500: - MA500: -

MACD(12,26,9) DIF: -0.21 DEA: -0.14 MACD: -0.15

操盘点睛

任何技术分析都有准确率高低之分，虽然 MACD 底背离是准确率比较高的分析方法，但也有失效的时候。例如上图的南京医药，出现 MACD 底背离后，虽然突破了下降趋势，但也只是横盘震荡，随后继续下跌。我们也要结合公司基本面或者股市大环境综合判断。

心得感悟

----

26 永鼎股份

基本资料：

公司名称	江苏永鼎股份有限公司		
英文名称	Jiangsu Etern Co.,Ltd.		
曾用简称	G永鼎,永鼎光缆		
证券简称	永鼎股份	证券代码	600105
成立日期	1994-06-30	上市日期	1997-09-29
证券类别	A股-主板	经济性质	-
法人代表	莫林弟	总经理	赵佩杰
公司董秘	张国栋	证券代表	陈海娟
公司电话	86-512-63271201;86-512-63272489	公司传真	86-512-63271866
注册资本（万元）	96389.31	公司规模（人）	3294
关联证券	-		
所属行业	电气机械和器材制造业		
概念板块	-		
所属指数	上证380		
公司网址	www.yongding.com.cn		
公司邮箱	zqb@yongding.com.cn		
注册地址	江苏省苏州市吴江区芦墟镇318国道72K北侧		
办公地址	江苏省苏州市吴江区芦墟镇318国道72K北侧		
主营业务	光缆、电缆及通讯设备、房地产、宽带网络工程、医疗		
经营范围	许可经营项目：承包境外与出口自产设备相关的工程和境内国际招标工程，对外派遣实施上述境外工程所需的劳务人员。一般经营项目：电线、电缆、光纤、光缆、配电开关控制设备、电子产品、通信设备、汽车及零部件的研究、制造，铜制材加工及铜产品销售，国内贸易，实业投资，实物租赁，自营和代理各类商品及技术的进出口业务，机电工程技术服务及企业管理咨询，移动通信设备开发生产及销售，计算机系统及网络优化技术服务，通信信息网络系统集成，新能源汽车线束的研发生产及销售。		

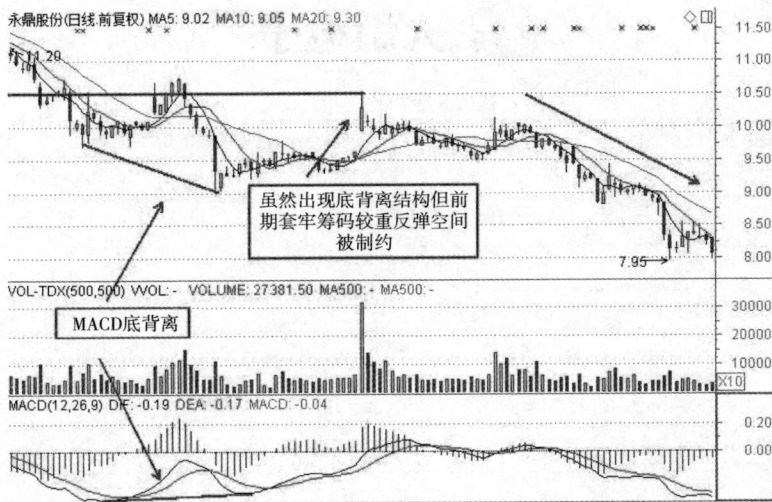

永鼎股份(日线 前复权) MA5: 9.02 MA10: 9.05 MA20: 9.30

虽然出现底背离结构但前期套牢筹码较重反弹空间被制约

MACD底背离

VOL-TDX(500,500) VVOL: - VOLUME: 27381.50 MA500: - MA500: -

MACD(12,26,9) DIF: -0.19 DEA: -0.17 MACD: -0.04

操盘点睛

有底背离结构，但为何反弹力度这么小？和上方筹码压力位有关。

主要是受前面筹码密集区抛压的影响造成反弹受阻。

放量上攻冲不上去，就是我们出局的好机会。

心得感悟

27 火炬电子

基本资料:

公司名称	福建火炬电子科技股份有限公司		
英文名称	Fujian Torch Electron Technology Co.,Ltd.		
曾用简称	-		
证券简称	火炬电子	证券代码	603678
成立日期	2007-12-20	上市日期	2015-01-26
证券类别	A股-主板	经济性质	-
法人代表	蔡明通	总经理	蔡劲军
公司董秘	陈世宗	证券代表	谢妙娟
公司电话	86-595-22353689;86-595-22353679	公司传真	86-595-22353679
注册资本(万元)	45266.60	公司规模(人)	819
关联证券	-		
所属行业	计算机、通信和其他电子设备制造业		
概念板块	-		
所属指数	-		
公司网址	www.torch.cn		
公司邮箱	investor@torch.cn		
注册地址	福建省泉州市鲤城区江南高新技术电子信息园区紫华路4号		
办公地址	福建省泉州市鲤城区江南高新技术电子信息园区紫华路4号		
主营业务	电容器及相关产品的研发、生产、销售、检测和服务。		
经营范围	研究、开发、制造、检测、销售各类型高科技新型电子元器件、陶瓷粉料、特种纤维及高功能化工产品（不含危险化学品及易制毒化学品）；新材料技术咨询服务；生产制造咨询服务；对外贸易。（依法须经批准的项目，经相关部门批准后方可开展经营活动）		

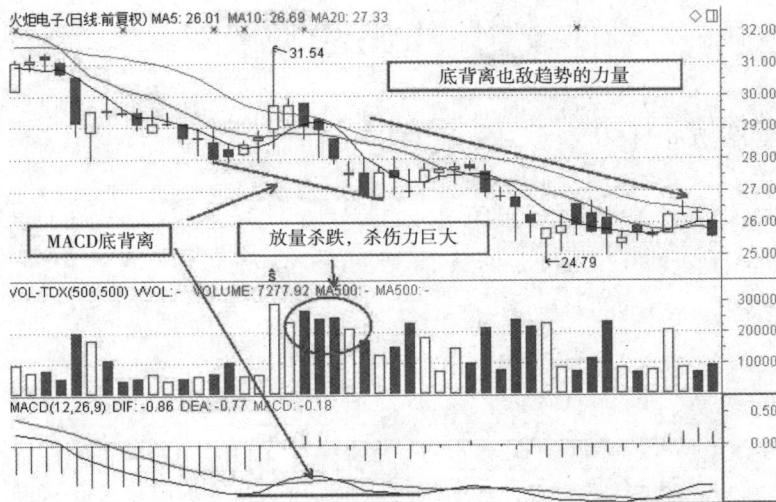

火炬电子(日线.前复权) MA5: 26.01 MA10: 26.69 MA20: 27.33

底背离也敌趋势的力量

31.54

MACD底背离

放量杀跌，杀伤力巨大

24.79

VOL-TDX(500,500) VOL: - VOLUME: 7277.92 MA500: - MA500: -

MACD(12,26,9) DIF: -0.86 DEA: -0.77 MACD: -0.18

操盘点睛

虽然形成 MACD 日线底背离结构，但还是要尊重趋势。而且图中我们可以看到，火炬电子放巨量杀跌的杀伤力比较大，要特别重视。

心得感悟

28 九州药业

基本资料：

公司名称	浙江九洲药业股份有限公司
英文名称	Zhejiang Jiuzhou Pharmaceutical Co.,Ltd.
曾用简称	-
证券简称	九洲药业　　证券代码 603456
成立日期	1998-07-13　　上市日期 2014-10-10
证券类别	A股-主板　　经济性质 -
法人代表	花莉蓉　　总经理 陈志红
公司董秘	林辉潞　　证券代表 洪文
公司电话	86-576-88706789　　公司传真 86-576-88706788
注册资本（万元）	44784.62　　公司规模（人） 3129
关联证券	-
所属行业	医药制造业
概念板块	-
所属指数	-
公司网址	www.jiuzhoupharma.com
公司邮箱	603456@jiuzhoupharma.com
注册地址	浙江省台州市椒江区外沙路99号
办公地址	浙江省台州市椒江区外沙路99号
主营业务	化学原料药及医药中间体的研发、生产与销售。
经营范围	化学原料药、医药中间体的生产。化工原料（不含化学危险品及易制毒品）、机械设备、仪器仪表的制造、销售；医药、化工产品研究开发、技术咨询服务、经营进出口业务。（上述范围不含国家法律法规禁止、限制的项目）（依法须经批准的项目，经相关部门批准后方可开展经营活动）

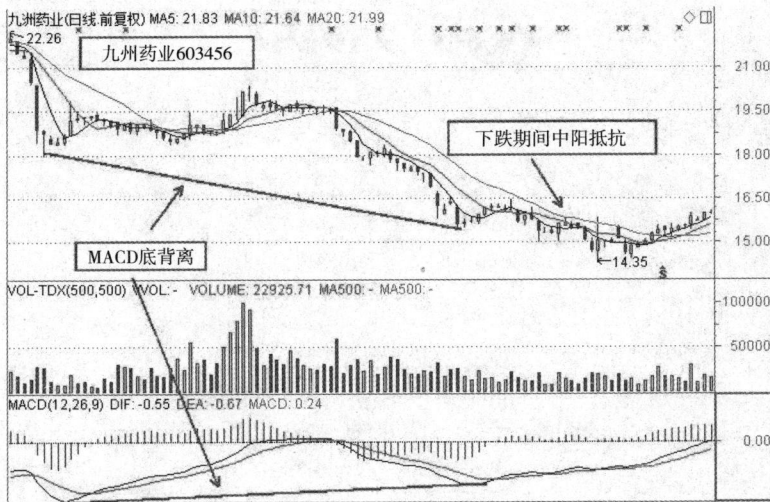

九州药业(日线 前复权) MA5: 21.83 MA10: 21.64 MA20: 21.99

九州药业603456

下跌期间中阳抵抗

MACD底背离

←14.35

VOL-TDX(500,500) VOL: - VOLUME: 22925.71 MA500: - MA500: -

MACD(12,26,9) DIF: -0.55 DEA: -0.67 MACD: 0.24

📈 操盘点睛

　　九州药业的底背离上下低点跨度比较大，结构比较清晰，理论上说这里的底背离结构威力比较大，但股价还处于下降趋势中，威力大打折扣。底背离结构形成后虽然继续下探，但可以看到有中阳抵抗，同时底背离结构也没有被破坏，一旦企稳，上涨的概率很大。

📈 心得感悟

29 江苏吴中

基本资料：

公司名称	江苏吴中实业股份有限公司		
英文名称	Jiangsu Wuzhong Industrial Co.,Ltd.		
曾用简称	G吴中,江苏吴中		
证券简称	江苏吴中	证券代码	600200
成立日期	1994-06-28	上市日期	1999-04-01
证券类别	A股-主板	经济性质	-
法人代表	赵唯一	总经理	姚建林
公司董秘	朱菊芳	证券代表	陈佳海
公司电话	86-512-65626898;86-512-66981888	公司传真	86-512-65270086
注册资本(万元)	72189.20	公司规模(人)	1921
关联证券	-		
所属行业	综合		
概念板块	融资融券标的		
所属指数	上证380,中证小盘500指数,上证小盘		
公司网址	www.600200.com		
公司邮箱	jswz@600200.com;zjf@600200.com;chenjh@600200.com		
注册地址	江苏省苏州市吴中区东方大道988号		
办公地址	江苏省苏州市吴中区东方大道988号		
主营业务	自产的服装、绣什品、床上用品、工艺美术品、箱包、皮革及制品、不锈钢制品、药品、原料药出口业务,本企业生产、科研所需的原辅材料、机械设备、仪器仪表、零配件进出口业务。		
经营范围	输液剂、注射剂、冻干针剂、片剂、硬胶囊剂、栓剂制造、原料药、销售（限指定的分支机构领取可证后经营）；房地产开发、经营,房屋租赁；服装,工艺美术品〔金银制品除外〕、不锈钢制品、照相器材、皮革及制品、箱包的制造、销售,国内贸易（国家有专项规定的办理许可证后经营）。本企业自产的服装、绣什品、床上用品、工艺美术品、箱包、皮革及制品、不锈钢制品、药品、原料药出口业务		

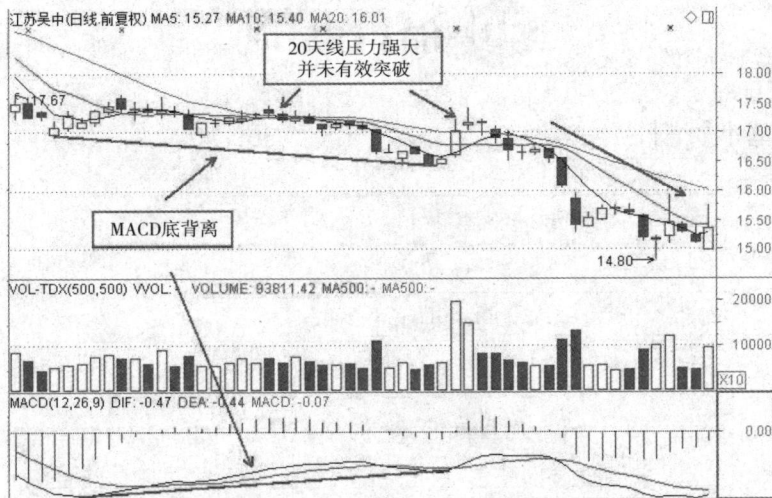

江苏吴中(日线 前复权) MA5: 15.27 MA10: 15.40 MA20: 16.01

20天线压力强大
并未有效突破

17.67

MACD底背离

14.80→

VOL-TDX(500,500) VVOL:　VOLUME: 93811.42 MA500: - MA500: -

MACD(12,26,9) DIF: -0.47 DEA: -0.44 MACD: -0.07

操盘点睛

前期久久不能突破的压力位要重视。

江苏吴中在横盘过程中很明显地受到了 20 天线的压制，所以，在后面走势中要重视 20 天线的压力。在形成 MACD 底背离后虽然出现反弹，但并没有有效突破 20 天线的压力，在冲高回落后再次跌破 20 天线，说明 20 天线的压制力量犹在，在实战操作中应及时出局观望。

心得感悟

30 福日电子

基本资料：

公司名称	福建福日电子股份有限公司		
英文名称	Fujian Furi Electronics Co.,Ltd.		
曾用简称	*ST福日,G福日,ST福日,福日电子,福日股份		
证券简称	福日电子	证券代码	600203
成立日期	1999-05-07	上市日期	1999-05-14
证券类别	A股-主板	经济性质	-
法人代表	卞志航	总经理	温春旺
公司董秘	许政声	证券代表	吴智飞
公司电话	86-591-83315984;86-591-83318998	公司传真	86-591-83319978
注册资本（万元）	45644.71	公司规模（人）	3834
关联证券	-		
所属行业	批发业		
概念板块	-		
所属指数	-		
公司网址	www.furielec.com		
公司邮箱	xuzs@furielec.com;furielec@furielec.com		
注册地址	福建省福州市开发区科技园区快安大道创新楼		
办公地址	福建省福州市鼓楼区五一北路153号正祥商务中心2号楼12、13层		
主营业务	电子计算机及配件、电子产品及通讯设备、家用电器、电子元、器件的制造、销售;自营和代理各类商品及技术的进出口业务;经营进料加工和"三来一补"业务;经营对销贸易和转口贸易。		

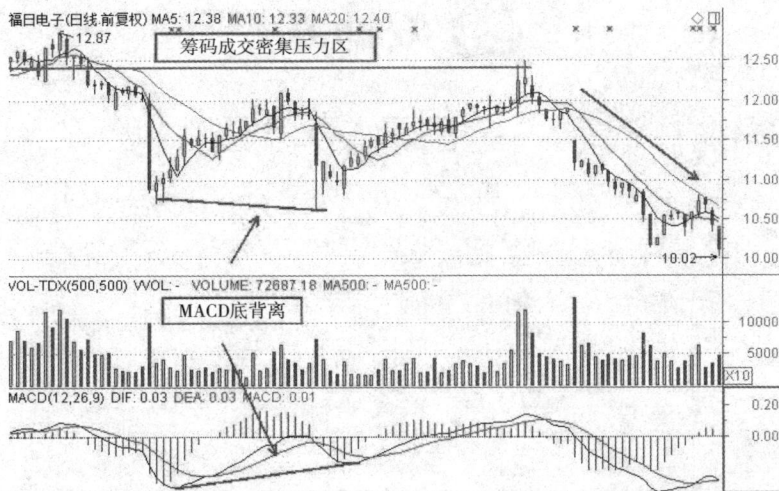

福日电子(日线.前复权) MA5: 12.38 MA10: 12.33 MA20: 12.40

筹码成交密集压力区

MACD底背离

VOL-TDX(500,500) VVOL: - VOLUME: 72687.18 MA500: - MA500: -

MACD(12,26,9) DIF: 0.03 DEA: 0.03 MACD: 0.01

📈 操盘点睛

反弹过程中要关注筹码压力位股价的状态。

出现日线级别 MACD 底背离大概率会有一定的涨幅，但空间有多少，每个股票不一样。就拿福日电子来说，在反弹过程中两次冲到前期成交密集区受阻，说明这里的压力很大，叠加底部反弹已有一定空间，有获利盘会吐的压力，回落的概率很大，在实战操作中可选择先出局观望。

📈 心得感悟

③1 安迪苏

基本资料：

公司名称	蓝星安迪苏股份有限公司		
英文名称	Bluestar Adisseo Company		
曾用简称	*ST新材,G新材料,ST新材,蓝星新材,星新材料		
证券简称	安迪苏	证券代码	600299
成立日期	1999-05-31	上市日期	2000-04-20
证券类别	A股-主板	经济性质	-
法人代表	Jean Marc Dublanc	总经理	Jean Marc Dublanc
公司董秘	王鹏	证券代表	陈礼
公司电话	86-10-61958799	公司传真	86-10-61958805
注册资本（万元）	268190.13	公司规模（人）	1864
关联证券	-		
所属行业	医药制造业		
概念板块	-		
所属指数	上证380		
公司网址	www.bluestar-adisseo.com		
公司邮箱	Investor-service@bluestar-adisseo.com		
注册地址	北京市海淀区花园东路30号花园酒店6518室		
办公地址	北京市朝阳区北土城西路9号六楼		
主营业务	研究、开发、生产及销售动物营养添加剂		
经营范围	开展投资经营决策和业务管理、资金运作和财务管理、研究开发和技术支持、承接本公司集团内部的共享服务及境外公司的服务外包、员工培训与管理、市场营销服务及相关咨询服务、提供原材料采购管理及生产调度和物流分拨控制管理。从事营养品、动物、人体健康相关产品以及任何化学、生化产品的生产、批发、进出口、佣金代理（拍卖除外）、网上销售以及其他相关辅助服务，提供售后服务、维修、技术培训及咨询服务、相关技术、专利权、专有技术及许可权的转让，物流运输、仓储等相关配套服务。【依法须经批准的项目，经相关部门批准后方可开展经营活动】(以工商登记的结果为准)		

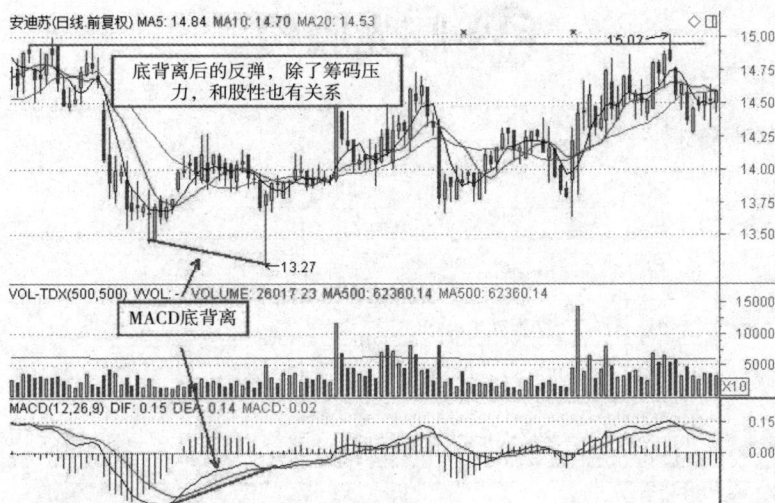

底背离后的反弹，除了筹码压力，和股性也有关系

安迪苏(日线 前复权) MA5: 14.84 MA10: 14.70 MA20: 14.53

15.02

13.27

VOL-TDX(500,500) VVOL: - VOLUME: 26017.23 MA500: 62360.14 MA500: 62360.14

MACD底背离

MACD(12,26,9) DIF: 0.15 DEA: 0.14 MACD: 0.02

⑪ 操盘点睛

在安迪苏形成底背离结构后，股价并没有上涨多少，13.27 元那天金针探底买入机会稍纵即逝，机会不容易把握，能买到的价格可能在 14 元附近。但随后股价磨磨蹭蹭在 15.02 元见顶，走得很不流畅。一只股票形成底背离结构后威力有多大，跟他的股性也有很大的关系。安迪苏的股性历来是不活跃的。

⑪ 心得感悟

32 曙光股份

基本资料：

公司名称	辽宁曙光汽车集团股份有限公司		
英文名称	Liaoning SG Automotive Group Co.,Ltd.		
曾用简称	G曙光,曙光股份		
证券简称	曙光股份	证券代码	600303
成立日期	1995-12-11	上市日期	2000-12-26
证券类别	A股-主板	经济性质	-
法人代表	李进巅	总经理	梁文利
公司董秘	那涛	证券代表	于洪亮
公司电话	86-415-4146825	公司传真	86-415-4142821
注册资本（万元）	67560.42	公司规模（人）	4898
关联证券	-		
所属行业	汽车制造业		
概念板块	-		
所属指数	-		
公司网址	www.sgautomotive.com		
公司邮箱	dongban@sgautomotive.com		
注册地址	辽宁省丹东市振安区曙光路50号		
办公地址	辽宁省丹东市振安区曙光路50号		
主营业务	汽车前后桥、汽车底盘、汽车零部件的生产、销售。		
经营范围	汽车前后桥、汽车底盘、汽车零部件制造、加工，汽车改装，汽车修理(设分支销售汽车及零部件)经营本企业及所属企业自产产品及相关技术的出口业务；生产科研所需的原辅材料、机械设备、仪器仪表及相关技术进口业务；经营进料加工和"三来一补"业务		

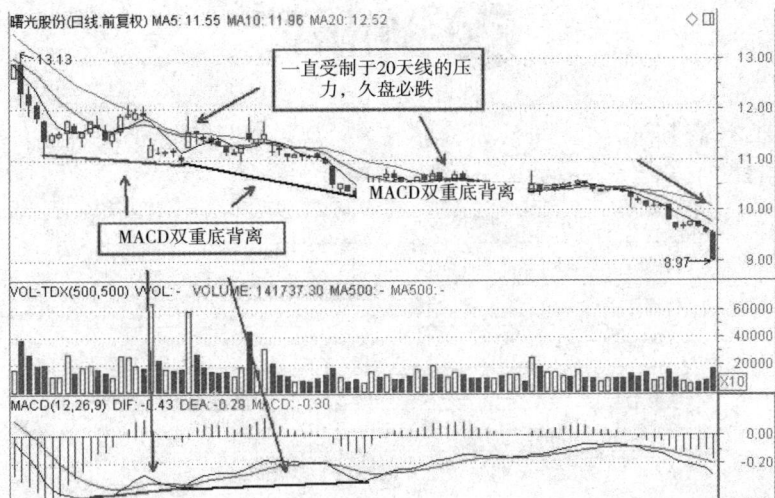

曙光股份(日线 前复权) MA5: 11.55 MA10: 11.96 MA20: 12.52

一直受制于20天线的压力，久盘必跌

MACD双重底背离

MACD双重底背离

VOL-TDX(500,500) VOL: - VOLUME: 141737.30 MA500: - MA500: -

MACD(12,26,9) DIF: -0.43 DEA: -0.28 MACD: -0.30

操盘点睛

　　曙光股份在下跌的时候形成了 MACD 日线双重底背离，理论上来说应该会有不错的涨幅，但为什么涨不上去，横盘之后又继续下跌？突破下降趋势后仍受制于 20 天线的压力，久久未能有效突破，对多方士气有很大影响，久盘必跌，最终选择向下。

心得感悟

33 新南洋

基本资料：

公司名称	上海新南洋股份有限公司		
英文名称	Shanghai Xin Nanyang Co.,Ltd.		
曾用简称	G南洋,交大南洋,南洋实业		
证券简称	新南洋	证券代码	600661
成立日期	1992-07-30	上市日期	1993-06-14
证券类别	A股-主板	经济性质	-
法人代表	刘玉文	总经理	吴竹平
公司董秘	杨夏	证券代表	杨晓玲
公司电话	86-21-62810435;86-21-628 18544	公司传真	86-21-62801900
注册资本 (万元)	28654.88	公司规模 (人)	4719
关联证券	-		
所属行业	教育		
概念板块	融资融券标的		
所属指数	上证380		
公司网址	www.xin-ny.com		
公司邮箱	tzzrx@xin-ny.com		
注册地址	上海番禺路667号6楼		
办公地址	上海市徐汇区淮海西路55号申通信息广场11楼		
主营业务	以教育培训为主营业务,主要涉及K12教育、职业教育、国际教育、幼儿教育等领域。		
经营范围	高新技术产品的生产销售,教育产业投资,技工贸一体化服务,经营高新技术工业园区,技术咨询、转让、服务,投资入股,兴办实体,人员培训,生活服务,自有房屋和仪器设备租赁,化工产品（除危险品外）,金属材料、自营和代理各类商品及技术进出口业务（不另附进出口商品目录）,但国家限定公司经营和国家禁止进出口的商品及技术支持除外。经营进料加工和三来一补业务,对销贸易和转口贸易。		

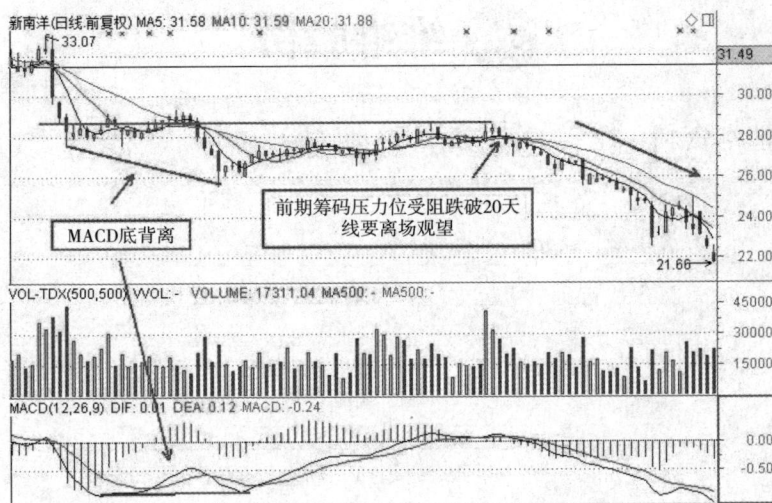

新南洋(日线 前复权) MA5: 31.58 MA10: 31.59 MA20: 31.88

MACD底背离

前期筹码压力位受阻跌破20天
线要离场观望

VOL-TDX(500,500) VVOL: - VOLUME: 17311.04 MA500: - MA500: -

MACD(12,26,9) DIF: 0.01 DEA: 0.12 MACD: -0.24

操盘点睛

在出现 MACD 底背离结构后，虽然有反弹，但明显受到前期筹码压力的阻力。这时候我们要警惕，随时做好离场的准备，也可以在冲高受阻之时减仓。随后股价回落，在跌破 20 天线之时应离场观望，防止股价进一步下探。

心得感悟

㉞ 维维股份

基本资料：

公司名称	维维食品饮料股份有限公司		
英文名称	V V Food & Beverage Co.,Ltd.		
曾用简称	G维维,维维股份		
证券简称	维维股份	证券代码	600300
成立日期	1999-07-18	上市日期	2000-06-30
证券类别	A股-主板	经济性质	中外合资
法人代表	杨启典	总经理	赵惠卿
公司董秘	孟召永	证券代表	于航航
公司电话	86-516-83398138;86-516-83398890	公司传真	86-516-83394888
注册资本（万元）	167200.00	公司规模（人）	2297
关联证券	–		
所属行业	酒、饮料和精制茶制造业		
概念板块	融资融券标的		
所属指数	上证380,中证小盘500指数		
公司网址	www.vvgroup.com		
公司邮箱	vvzqb@vvgroup.com;mengzy@vvgroup.com;zhanqa@vvgroup.com		
注册地址	江苏省徐州市维维大道300号		
办公地址	江苏省徐州市维维大道300号		
主营业务	食品饮料的制造,销售自产产品。		
经营范围	饮料（产品类别限《食品生产许可证》核定范围）、保健食品生产（产品类别限《食品生产许可证》核定范围）、食品用塑料包装容器工具等制品[热罐用聚对二甲酸乙二醇酯（PET）瓶]生产、预包装食品、乳制品（不含婴幼儿配方奶粉）的批发及进出口业务。道路普通货物运输、货物专用运输（冷藏保鲜）、货物专用运输（罐式）服务,仓储服务（不涉及前置许可项目）、粮食收购、储藏、运输、销售等。食品、饮料的研究、开发,谷物、豆及薯类、包装材料的批发及进出口业务。（依法须经批准的项目,经相关部门批准后方可开展经营活动）		

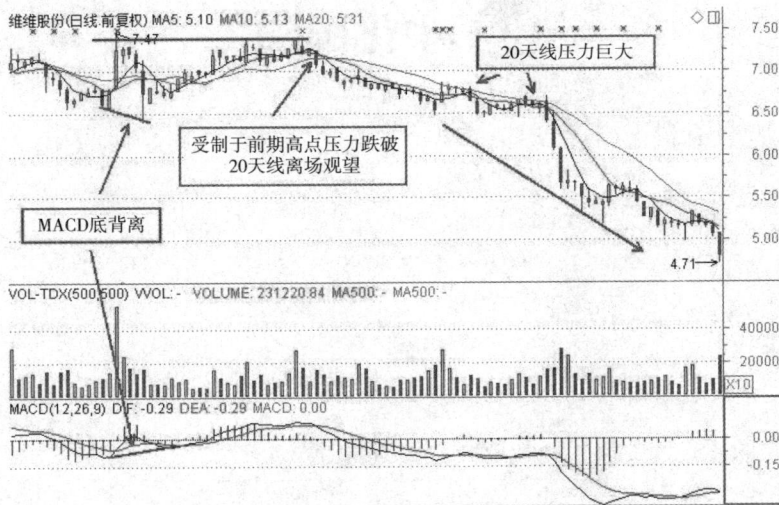

维维股份(日线 前复权) MA5: 5.10 MA10: 5.13 MA20: 5.31

7.47

20天线压力巨大

受制于前期高点压力跌破
20天线离场观望

MACD底背离

4.71

VOL-TDX(500,500) VVOL: - VOLUME: 231220.84 MA500: - MA500: -

MACD(12,26,9) DIF: -0.29 DEA: -0.29 MACD: 0.00

操盘点睛

20天线是生命线要重视，在跌破之后变成强压力。

理论上，MACD底背离结构成型后反弹周期有24个交易日，维维股份虽然反弹时间不够，但前期高点的压力明显，在冲高回落跌破20天线之时，我们的策略是离场观望。

心得感悟

③⑤ 中化国际

基本资料：

公司名称	中化国际(控股)股份有限公司		
英文名称	Sinochem International Corporation		
曾用简称	G中化,中化国际		
证券简称	中化国际	证券代码	600500
成立日期	1998-12-14	上市日期	2000-03-01
证券类别	A股-主板	经济性质	国有控股
法人代表	冯志斌	总经理	刘红生
公司董秘	柯希鑫	证券代表	王新影
公司电话	86-21-31768000;86-21-317 69818	公司传真	86-21-31769199
注册资本(万元)	208301.27	公司规模(人)	16941
关联证券	公司债-11中化02(122124),公司债-16中化债(136473)		
所属行业	化学原料和化学制品制造业		
概念板块	融资融券标的		
所属指数	上证380,中证小盘500指数,上证小盘		
公司网址	www.sinochemintl.com		
公司邮箱	ir@sinochem.com		
注册地址	上海市自由贸易试验区长清北路233号中化国际广场		
办公地址	上海市浦东新区世纪大道88号金茂大厦3区18层		
主营业务	化工原料、精细化工、农用化工、塑料、橡胶制品等的进出口、内销贸易及仓储运输和货运代理业务等		
经营范围	自营和代理除国家组织统一联合经营的出口商品和国家实行核定公司经营的进口商品以外的其它商品及技术的进出口业务；进料加工和"三来一补"业务；对销贸易和转口贸易；饲料、棉、麻、土畜产品、纺织品、服装、日用百货、纸浆、纸制品、五金交电、家用电器、化工、化工材料、矿产品、石油制品(成品油除外)、润滑脂、煤炭、建筑材料、黑色金属材料、机械、电子设备、汽车(小轿车除外)、摩托车及零配件的销售；仓储运输服务；项目投资；粮油及其制品的批发；化肥、农膜、农药等农资产品的经营，以及与上述业务相关的咨询服务、技术交流、技术开发。		

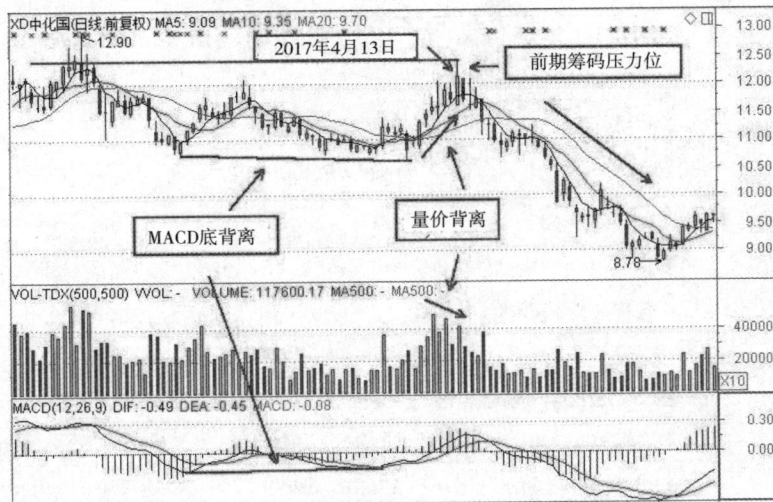

图中标注：
- XD中化国(日线 前复权) MA5: 9.09 MA10: 9.35 MA20: 9.70
- 12.90
- 2017年4月13日
- 前期筹码压力位
- MACD底背离
- 量价背离
- 8.78
- VOL-TDX(500,500) VVOL: - VOLUME: 117600.17 MA500: - MA500:
- MACD(12,26,9) DIF: -0.49 DEA: -0.45 MACD: -0.08

ⅲ 操盘点睛

MACD 底背离之后出现量价背离的上涨，注定走不远。

从图中我们可以看到，在形成 MACD 底背离结构后虽然有一定的涨幅，但量价是背离的状态，这不是一个健康的状态。

ⅲ 心得感悟

----

36 安徽水利

基本资料：

公司名称	安徽水利开发股份有限公司		
英文名称	Anhui Water Resources Development Co.,Ltd.		
曾用简称	G水利,安徽水利		
证券简称	安徽水利	证券代码	600502
成立日期	1998-06-15	上市日期	2003-04-15
证券类别	A股-主板	经济性质	-
法人代表	张晓林	总经理	张晓林
公司董秘	赵作平	证券代表	储诚焰
公司电话	86-552-3950553	公司传真	86-552-3950276
注册资本（万元）	143430.02	公司规模（人）	5319
关联证券	-		
所属行业	土木工程建筑业		
概念板块	融资融券标的		
所属指数	上证380,上证小盘		
公司网址	www.cahsl.com		
公司邮箱	ahslzqb@163.com		
注册地址	安徽省蚌埠市东海大道张公山南侧		
办公地址	安徽省蚌埠市东海大道张公山南侧		
主营业务	建筑工程和房地产开发		
经营范围	水利水电工程施工、建筑工程施工、公路工程施工、市政公用工程施工、港口与航道工程施工、机电工程施工、城市园林绿化工程施工、桥梁工程专业施工；工程勘察、规划、设计、咨询等服务；基础设施及环保项目投资、运营；水利水电资源开发；房地产开发；金属结构加工、制作、安装；建筑机械、材料租赁与销售（以上经营范围中需要许可证的一律凭证经营）。		

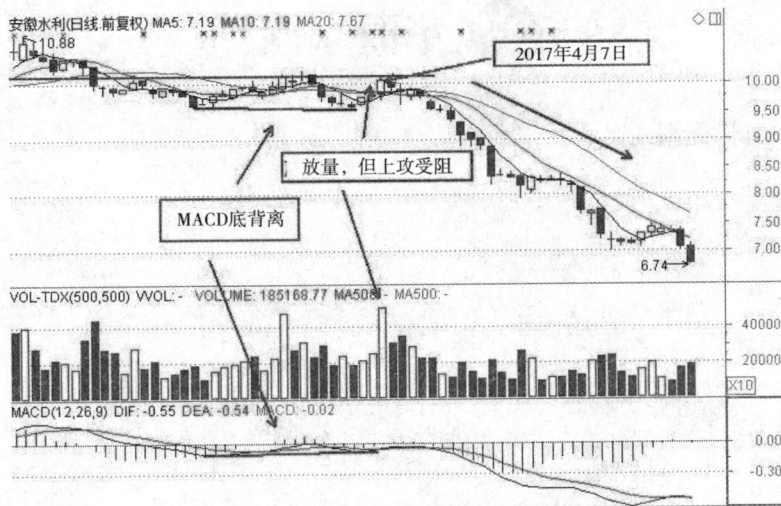

安徽水利(日线.前复权) MA5: 7.19 MA10: 7.19 MA20: 7.67

2017年4月7日

放量，但上攻受阻

MACD底背离

VOL-TDX(500,500) VVOL: - VOLUME: 185168.77 MA500 - MA500: -

MACD(12,26,9) DIF: -0.55 DEA: -0.54 MACD: -0.02

操盘点睛

MACD 底背离结构虽然成型，但在反弹过程中在前期筹码压力位受阻，确认了前期高点的有效性。

在实盘操作中，放量滞涨，冲高受阻应及时减仓，在股价跌破各均线确认走弱后应毫不犹豫离场观望。

心得感悟

37 华丽家族

基本资料：

公司名称	华丽家族股份有限公司		
英文名称	Deluxe Family Co.,Ltd.		
曾用简称	*ST宏智,*ST新智,SST新智,ST宏智,ST新智,S华丽,宏智科技		
证券简称	华丽家族	证券代码	600503
成立日期	1999-10-27	上市日期	2002-07-09
证券类别	A股-主板	经济性质	－
法人代表	林立新	总经理	王励勋
公司董秘	金泽清	证券代表	方治博
公司电话	86-21-62376199	公司传真	86-21-62376089
注册资本（万元）	160229.00	公司规模（人）	226
关联证券	－		
所属行业	房地产业		
概念板块	融资融券标的		
所属指数	上证180,中证小盘500指数,上证中盘		
公司网址	www.deluxe-family.com		
公司邮箱	dmb@deluxe-family.com		
注册地址	上海市黄浦区瞿溪路968弄1号202室		
办公地址	上海市长宁区红宝石路500号东银中心B栋1502室		
主营业务	房地产业务、创新科技项目投资以及金融项目投资。		
经营范围	股权投资管理，实业投资，投资咨询及管理。（依法须批准的项目，经相关部门批准后方可开展经营活动）		

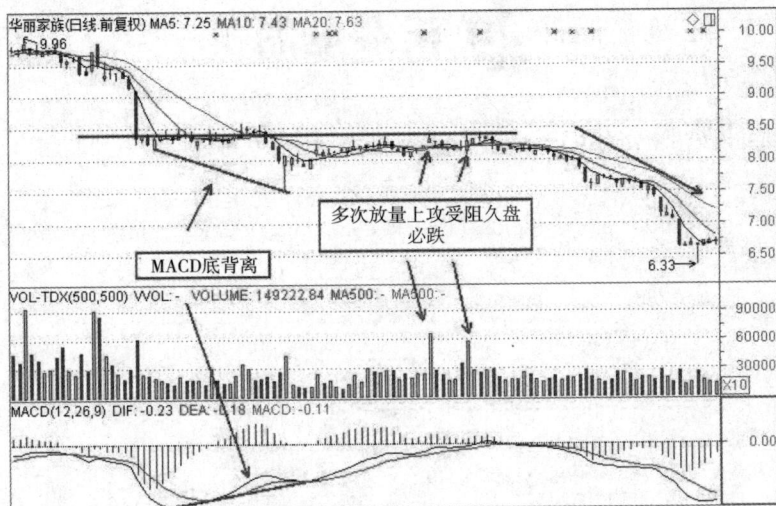

华丽家族(日线 前复权) MA5: 7.25 MA10: 7.43 MA20: 7.63

9.96

多次放量上攻受阻久盘
必跌

MACD底背离

6.33

VOL-TDX(500,500) VVOL: VOLUME: 149222.84 MA500: - MA500: -

MACD(12,26,9) DIF: -0.23 DEA: -0.18 MACD: -0.11

📈 操盘点睛

　　华丽家族形成 MACD 底背离结构后，股价尝试着反弹，但受前期筹码套牢密集区的影响，多次放量上攻受阻，多头信心溃败。

　　实盘操作中，在放量上攻受阻后应减仓，跌破各均价线确认股价走弱后应毫不犹豫离场观望，因为此时多头信心已溃败，谨防股价进一步走弱。

📈 心得感悟

38 正泰电器

基本资料：

公司名称	浙江正泰电器股份有限公司		
英文名称	Zhejiang Chint Electrics Co.,Ltd		
曾用简称	–		
证券简称	正泰电器	证券代码	601877
成立日期	1997-08-05	上市日期	2010-01-21
证券类别	A股-主板	经济性质	–
法人代表	南存辉	总经理	南存辉
公司董秘	王国荣	证券代表	潘浩
公司电话	86-577-62877777	公司传真	86-577-62763701;86-21-67777777*88712
注册资本（万元）	215113.56	公司规模（人）	18098
关联证券	–		
所属行业	电气机械和器材制造业		
概念板块	融资融券标的		
所属指数	沪深300,上证小盘,上证380		
公司网址	www.chint.net		
公司邮箱	chintzqb@chint.com		
注册地址	浙江省乐清市北白象镇正泰工业园区正泰路1号		
办公地址	浙江省乐清市北白象镇正泰工业园区正泰路1号		
主营业务	光伏新能源、配电电器、终端电器、控制电器、电源电器、电子电器、仪器仪表、建筑电器和自动化控制系统等产品的研发、生产和销售		
经营范围	低压电器及元器件、电子元器件、电源类产品、电力工具、电力整流器、切割及焊接设备的研发、设计、制造、加工、安装、调试、销售及相关技术服务，经营进出口业务（国家法律法规禁止和限制的除外）。		

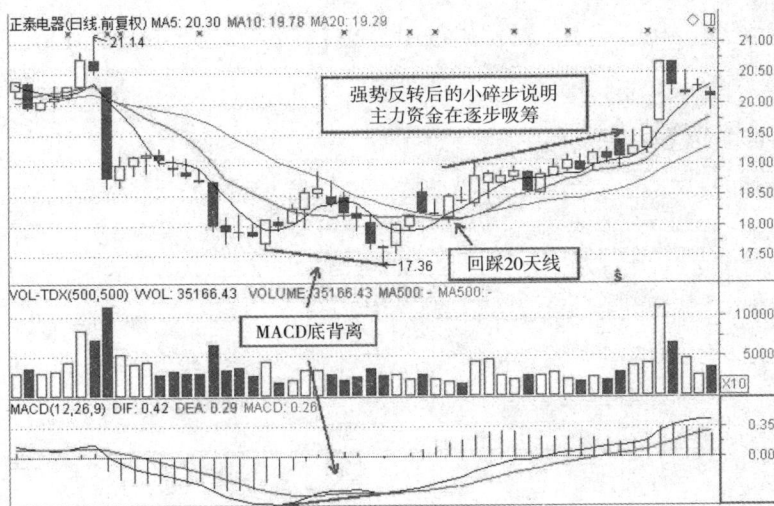

正泰电器(日线 前复权) MA5: 20.30 MA10: 19.78 MA20: 19.29

21.14

强势反转后的小碎步说明
主力资金在逐步吸筹

17.36　　回踩20天线

VOL-TDX(500,500) VVOL: 35166.43　VOLUME: 35186.43 MA500: - MA500: -

MACD底背离

MACD(12,26,9) DIF: 0.42 DEA: 0.29 MACD: 0.26

操盘点睛

MACD 出现底背离结构后，次日中阳反转，在 K 线组合中属于强势的反转形态，可分批建底仓。

回踩 20 天线企稳后是很好的加仓点。

强势反转后的小碎步，说明此时有主力资金明显的介入。

心得感悟

39 三一重工

基本资料：

公司名称	三一重工股份有限公司		
英文名称	Sany Heavy Industry Co.,Ltd.		
曾用简称	G三一,三一重工		
证券简称	三一重工	证券代码	600031
成立日期	1994-11-22	上市日期	2003-07-03
证券类别	A股-主板	经济性质	民营企业
法人代表	梁稳根	总经理	向文波
公司董秘	肖友良	证券代表	-
公司电话	86-010-60738888	公司传真	86-010-60738868
注册资本（万元）	764358.45	公司规模（人）	13760
关联证券	普通可转债-三一转债(110032)		
所属行业	专用设备制造业		
概念板块	融资融券标的		
所属指数	沪深300,上证中盘,上证180		
公司网址	www.sanyhi.com		
公司邮箱	sany@sany.com.cn		
注册地址	北京市昌平区北清路8号6幢5楼		
办公地址	北京市昌平区北清路8号		
主营业务	从事混凝土机械、路面机械、桩工机械、履带起重机械等工程机械的研发、制造、销售。		
经营范围	建筑工程机械、起重机械、停车库、通用设备及机电设备的生产、销售与维修；金属制品、橡胶制品及电子产品、钢丝增强液压橡胶软管和软管组合件的生产、销售；客车（不含小轿车）的制造与销售；五金及政策允许的矿产品、金属材料的销售；提供建筑工程机械租赁服务；经营商品和技术的进出口业务（国家法律法规禁止和限制的除外）。		

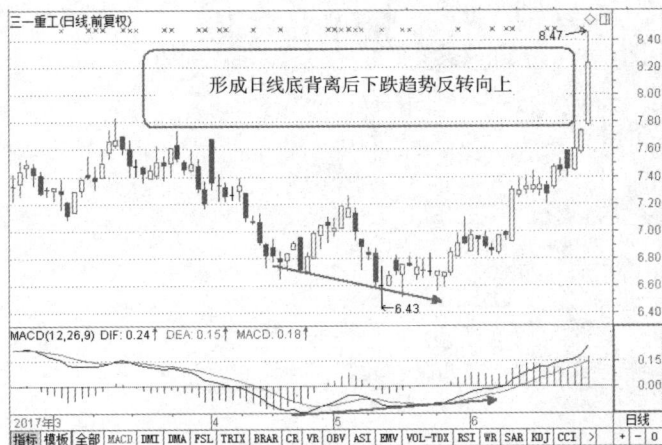

三一重工(日线 前复权)

形成日线底背离后下跌趋势反转向上

8.47

← 6.43

MACD(12,26,9) DIF: 0.24↑ DEA: 0.15↑ MACD: 0.18↑

2017年3　　　　　　4　　　　　5　　　　　6　　　　日线

指标 模板 全部 MACD IMI IMA FSL TRIX BRAR CR VR OBV ASI EMV VOL-TDX RSI WR SAR KDJ CCI >

操盘点睛

MACD 属于趋势性指标，同时底背离是抄底的信号，强烈的买进信号。底背离一般出现在股票连续大跌后的时间段。底背离必须要有一个参考低点，一个对比低点，一个买入低点。也就是说必须要至少两个低点进行对比，而第三个低点若确认为底背离，应该迅速买进，短期内必定会出现大涨。

心得感悟

⑳ 厦门钨业

基本资料：

公司名称	厦门钨业股份有限公司		
英文名称	Xiamen Tungsten Co.,Ltd.		
曾用简称	G厦钨, 厦门钨业		
证券简称	厦门钨业	证券代码	600549
成立日期	1997-12-30	上市日期	2002-11-07
证券类别	A股-主板	经济性质	国有控股
法人代表	黄长庚	总经理	吴高潮
公司董秘	许火耀	证券代表	陈康晟
公司电话	86-592-5363856	公司传真	86-592-5363857
注册资本 (万元)	108662.87	公司规模 (人)	11600
关联证券	-		
所属行业	有色金属冶炼和压延加工业		
概念板块	融资融券标的		
所属指数	沪深300, 上证中盘, 上证180		
公司网址	www.cxtc.com		
公司邮箱	xtc@public.xm.fj.cn;600549.cxtc@cxtc.com		
注册地址	福建省厦门市海沧区柯井社		
办公地址	福建省厦门市湖滨南路619号16层		
主营业务	仲钨酸铵、氧化钨、钨粉、碳化钨粉、硬质合金、精密刀具、钨钼丝系列电光源材料、新能源材料等的冶炼及深加工业务。		
经营范围	钨、稀有稀土金属及有色金属采选、冶炼、加工；钨合金、钨深加工产品和稀有稀土金属深加工产品的生产和销售；金属、木料、塑料、布包装制品的生产和销售；粉末、硬质合金、精密刀具、钨钼丝材、新能源材料和稀有稀土金属的制造技术、分析检测以及科技成果的工程转化；房地产开发与经营；出口本企业生产加工的产品和进口本企业生产所需的生产技术、设备、原辅材料及备品备件（计划、配额、许可证及自动登记的商品另行报批）；加工贸易业务。（法律法规规定必须办理审批许可才能从事的经营项目，必须在取得审批许可证明后方能营业。）		

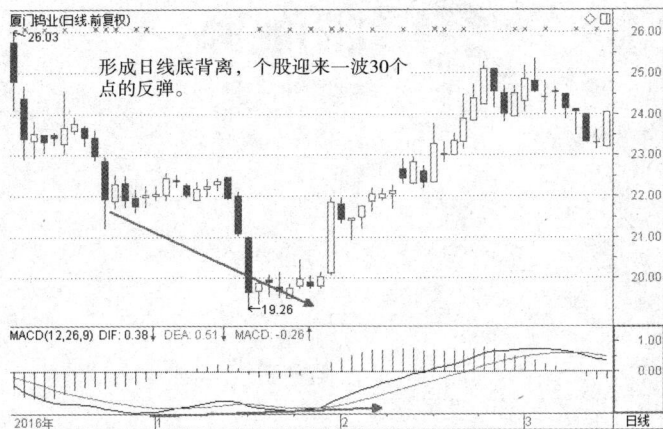

厦门钨业(日线 前复权) ◇□〔

26.03

形成日线底背离，个股迎来一波30个
点的反弹。

← 19.26

MACD(12,26,9) DIF: 0.38↓ DEA: 0.51↓ MACD: -0.26↑

2016年

日线

操盘点睛

厦门钨业出现 MACD 底背离的情况，同时在下降途中个股趋势走平，MACD 在形成以后个股出现了中阳线的情况，这个就是表明底背离的作用开始发挥出来了，可以进行操作买入的信号发出来了，同时又是在"水下"形成的说明低位反弹的力度大，见底的可能性更大，中阳线就是买入信号。

心得感悟

④1 红阳能源

基本资料：

公司名称	辽宁红阳能源投资股份有限公司		
英文名称	Liaoning Hongyang Energy Resource Invest Co.,Ltd.		
曾用简称	*ST金帝,SST金帝,ST红阳,ST金帝,金帝建设		
证券简称	红阳能源	证券代码	600758
成立日期	1993-12-28	上市日期	1996-10-29
证券类别	A股-主板	经济性质	-
法人代表	林守信	总经理	张兴东
公司董秘	李飚	证券代表	田英东
公司电话	86-24-86131586;86-24-861 31806	公司传真	86-24-86801050
注册资本（万元）	133140.89	公司规模（人）	16047
关联证券	-		
所属行业	煤炭开采和洗选业		
概念板块	-		
所属指数	上证380,上证小盘		
公司网址	-		
公司邮箱	hongyang600758@126.com;hynydm@163.com		
注册地址	辽宁省沈阳市皇姑区黄河南大街96-6号启运大厦4楼		
办公地址	辽宁省沈阳市皇姑区黄河南大街96-6号启运大厦4楼		
主营业务	煤炭、电力的生产和销售，城市供暖及提供工业蒸汽等。		
经营范围	能源投资开发；煤炭及伴生资源开采与生产；原煤洗选加工与销售；火电、热电生产与销售；城市集中供热、供汽；供热、供汽工程设计、工程施工、设备安装与检修；煤层气开发利用；余热综合利用；煤泥、煤矸石综合利用；物流运输服务；循环水综合开发利用；股权投资；投资运营；项目投融资运营；高效节能环保项目投资；信息化工程建设；智能化系统运营与服务；技术、经济咨询服务（依法须经批准的项目，经相关部门批准后方可开展经营活动）		

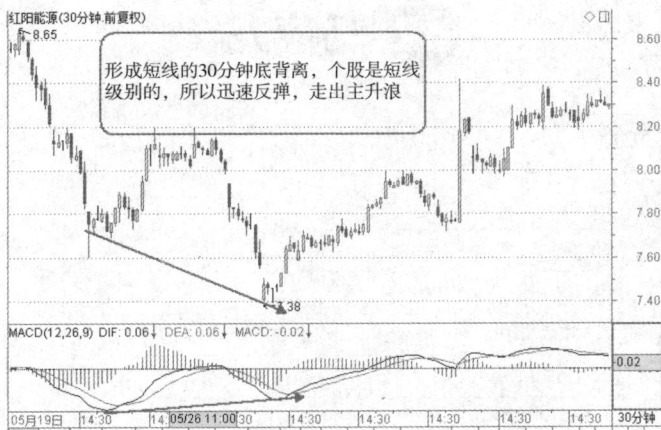

红阳能源(30分钟 前复权)

形成短线的30分钟底背离，个股是短线
级别的，所以迅速反弹，走出主升浪

📈 操盘点睛

红阳能源在下降的趋势当中形成了底背离的状况，可是底背离的阶段却是有些不同，个股是经过反弹以后再次创出了新低的情况，同时我们选取的是 30 分钟级别的 MACD 底背离，所以反应会更加的强烈，对于短线投资者而言未来的三天只要出现 30 分钟的连阳线就是买点。

📈 心得感悟

42 马应龙

基本资料：

公司名称	马应龙药业集团股份有限公司		
英文名称	Mayinglong Pharmaceutical Group Co.,Ltd.		
曾用简称	G马应龙,马应龙		
证券简称	马应龙	证券代码	600993
成立日期	1994-05-30	上市日期	2004-05-17
证券类别	A股-主板	经济性质	-
法人代表	陈平	总经理	苏光祥
公司董秘	夏有章	证券代表	马倩,赵仲华
公司电话	86-27-87389583;86-27-872 91519	公司传真	86-27-87291724
注册资本 (万元)	43105.39	公司规模 (人)	3079
关联证券	-		
所属行业	批发业		
概念板块	融资融券标的		
所属指数	上证380,中证小盘500指数,上证小盘		
公司网址	www.mayinglong.cn		
公司邮箱	xiayouzhang@sohu.com;stock@myl1582.com		
注册地址	湖北省武汉市武昌南湖周家湾100号		
办公地址	湖北省武汉市武昌南湖周家湾100号		
主营业务	马应龙麝香痔疮膏、麝香痔疮栓、地奥司明片、痔炎消片、复方甘草口服溶液、龙珠软膏、马应龙八宝眼霜等产品制作与销售		
经营范围	中西药制造；企业经营本企业自产产品及相关技术的出口业务；经营本企业生产、科研所需的原辅材料、机械设备、仪器仪表、零配件及相关技术的进口业务；经营本企业的进料加工和"三来一补"业务；药用包装材料、化妆品、中药制药机械制造、加工、销售；汽车货运；食品(含保健食品)生产、销售；第一类/第二类医疗器械生产、销售；家庭用品及电子产品的生产、销售；日用杂品及卫生用品的生产、销售；消毒产品的生产、销售。		

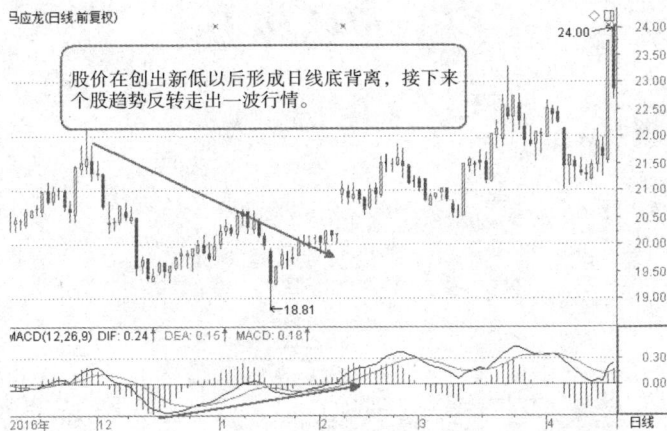

马应龙(日线 前复权)

股价在创出新低以后形成日线底背离，接下来个股趋势反转走出一波行情。

18.81

MACD(12,26,9) DIF: 0.24↑ DEA: 0.15↑ MACD: 0.18↑

2016年

操盘点睛

马应龙在个股创出新低的时候是单根 K 线形成金针探底的 K 线形态，这个已经是底部信号的标准之一，在此结合 MACD 的底背离情况，多种的技术结合使用给个股更加直接的判断出买卖点。当形成底背离时候，个股已经开始向上了，这个时候就应该果敢介入。

心得感悟

43 龙马环卫

基本资料:

公司名称	福建龙马环卫装备股份有限公司		
英文名称	Fujian Longma Environmental Sanitation Equipment Co.,Ltd.		
曾用简称	–		
证券简称	龙马环卫	证券代码	603686
成立日期	2007-12-21	上市日期	2015-01-26
证券类别	A股-主板	经济性质	–
法人代表	张桂丰	总经理	张桂潮
公司董秘	章林磊	证券代表	章林磊
公司电话	86-597-2796968	公司传真	86-597-2962796
注册资本 (万元)	27235.00	公司规模 (人)	1253
关联证券	–		
所属行业	专用设备制造业		
概念板块	–		
所属指数	上证380		
公司网址	www.fjlm.com.cn		
公司邮箱	fjlm@fjlm.com.cn		
注册地址	福建省龙岩市经济开发区		
办公地址	福建省龙岩市经济开发区		
主营业务	环卫清洁装备、垃圾收转装备、新能源及清洁能源环卫装备等环卫装备的研发、生产与销售以及环卫产业运营服务。		
经营范围	专用车辆、环卫设备及配件的制造和销售;机械设备租赁;城市垃圾清扫服务、城市道路冲洗服务、城市积雪清理服务、城市垃圾运输服务、城市泔水清运服务、城市垃圾分类服务、城市垃圾焚烧服务、城市垃圾填埋服务、城市垃圾堆肥服务、城市废弃食用油处理服务、公共厕所管理服务;绿化管理;建筑物外墙清洗服务;城市水域治理服务、江、湖治理服务;水库污染治理服务;再生物资回收;公路养护服务;环境保护与治理咨询服务;市政管理咨询服务;机械工程研究服务;环境科学技术研究服务;环境卫生工程设计服务;软件开发;信息技术培训服务;对外贸易。(依法须经批准的项目,经相关部门批准后方可开展经营活动)		

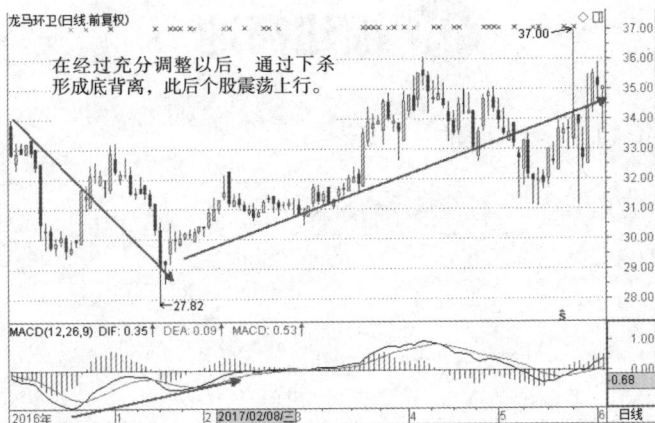

龙马环卫(日线 前复权)

在经过充分调整以后，通过下杀
形成底背离，此后个股震荡上行。

操盘点睛

　　当龙马环卫的股价创新低，而 DIF 没有新低，但 DIF 已经死叉 DEA，此时 DIF 如果走平或者拐头反弹，在没有金叉 DEA 之前是背离条件和背离成立的中间环节，此处是可以买入的，前提是需要配合分时线的买点，甚至可以捕捉到一波行情的最低点。

心得感悟

44 福建高速

基本资料：

公司名称	福建发展高速公路股份有限公司		
英文名称	Fujian Expressway Development Co.,Ltd		
曾用简称	G闽高速,福建高速		
证券简称	福建高速	证券代码	600033
成立日期	1999-06-28	上市日期	2001-02-09
证券类别	A股-主板	经济性质	-
法人代表	涂慕溪	总经理	程辛钱
公司董秘	何高文	证券代表	冯国栋
公司电话	86-591-87077366	公司传真	86-591-87077366
注册资本（万元）	274440.00	公司规模（人）	1569
关联证券	公司债-15闽高速(122431)		
所属行业	道路运输业		
概念板块	融资融券标的		
所属指数	-		
公司网址	www.fjgs.com.cn		
公司邮箱	stock@fjgs.com.cn		
注册地址	福建省福州市东水路18号福建交通综合大楼26层		
办公地址	福建省福州市东水路18号福建交通综合大楼26层		
主营业务	高速公路的投资、建设、开发、收费、养护和经营管理。		
经营范围	投资开发、建设、经营公路；机械设备租赁，咨询服务；工业生产资料，百货，建筑材料，五金、交电、化工，仪器仪表，电子计算机及配件的批发、零售、代购、代销（以上经营范围凡涉及国家专项专营规定的从其规定）。		

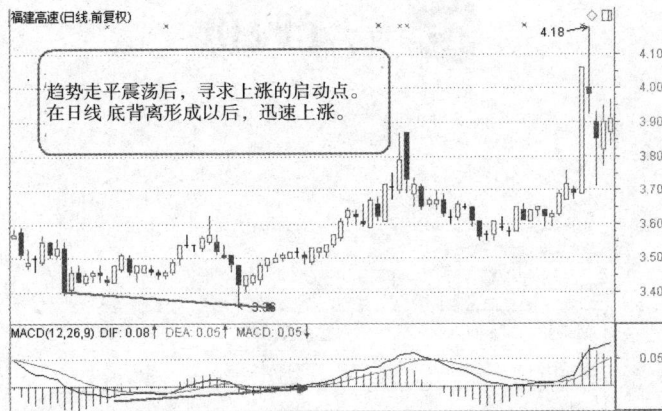

福建高速(日线 前复权)

趋势走平震荡后，寻求上涨的启动点。
在日线 底背离形成以后，迅速上涨。

MACD(12,26,9) DIF: 0.08↑ DEA: 0.05↑ MACD: 0.05↓

操盘点睛

MACD 的形态反映着个股会如何启动。

在个股股价创出新低而 MACD 柱状线不再创新低就是底背离，是做多信号。同时结合福建高速的股价可以发现新低的价格和前底很接近，MACD 的底背离趋势也是走平，说明了个股在这个位置筑底了。中长线的投资者需要在这个位置布局一些，毕竟筑底需要一些时间，短线投资者可以在趋势出来后抓中阳线。

心得感悟

45 三元股份

基本资料：

公司名称	北京三元食品股份有限公司		
英文名称	Beijing Sanyuan Foods Co.,Ltd.		
曾用简称	*ST三元,G*ST三元,G三元,ST三元,三元股份		
证券简称	三元股份	证券代码	600429
成立日期	1997-03-13	上市日期	2003-09-15
证券类别	A股-主板	经济性质	-
法人代表	常毅	总经理	陈历俊
公司董秘	张娜	证券代表	张娜
公司电话	86-10-56306020	公司传真	86-10-56306098
注册资本（万元）	149755.74	公司规模（人）	7633
关联证券	-		
所属行业	食品制造业		
概念板块	-		
所属指数	上证小盘		
公司网址	www.sanyuan.com.cn		
公司邮箱	zhengquanbu@sanyuan.com.cn		
注册地址	北京市大兴区瀛海镇昌街8号		
办公地址	北京市大兴区瀛海镇昌街8号		
主营业务	奶牛饲养与销售；乳制品及含乳饮料加工；饲料、饲草、水产品、畜产品销售；自有房屋出租、物业管理；安装、修理、租赁自有/剩余乳品机械和设备（非融资租赁）；销售自产产品。		
经营范围	加工乳品、饮料、食品、原材料、保健食品、冷食冷饮、生产乳品机械、食品机械；开发、生产生物工程技术产品（不包括基因产品）；信息咨询；餐饮；自产产品的冷藏运输；自有房屋出租；物业管理；安装、修理、租赁自有/剩余乳品机械和设备（非融资租赁）；销售自产产品；批发零售米、面制品及食用油；批发零售糕点、糖果及糖；批发零售果品、蔬菜；批发零售肉、禽、蛋及水产品；批发零售饮料及茶叶；批发零售其他食品，货物（乳制品及食品）进出口、销售；组织文化艺术交流活动；会议服务；教育咨询（不含出国留学咨询与中介服务）；票务代理。		

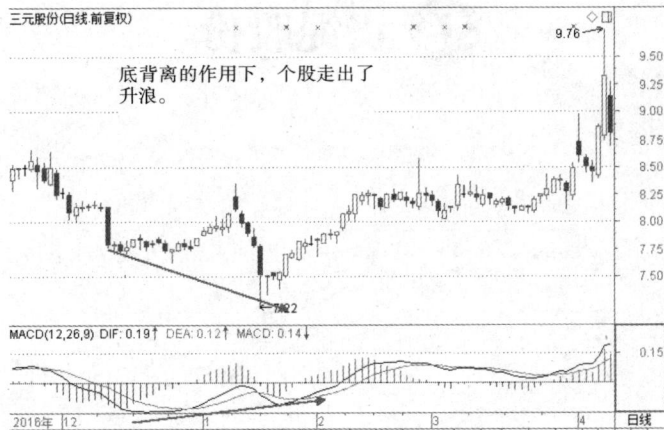

底背离的作用下，个股走出了升浪。

操盘点睛

　　三元股份在第一个底背离出现以后走出了一波反弹，但是根据投资者的犹豫性很难抓住这样的第一波机会，接下来三元股份又是走出了第二个底背离，而且背离的距离长，结合 K 线的走势也告诉了我们个股上午主升浪要到来了，这个就是短线交易的最大机会。

心得感悟

46 贵绳股份

基本资料：

公司名称	贵州钢绳股份有限公司		
英文名称	Guizhou Wire Rope Co.,Ltd.		
曾用简称	G贵绳,贵绳股份		
证券简称	贵绳股份	证券代码	600992
成立日期	2000-10-19	上市日期	2004-05-14
证券类别	A股-主板	经济性质	-
法人代表	黄忠渠	总经理	王小刚
公司董秘	杨期屏	证券代表	曹磊
公司电话	86-851-28419247;86-851-2 8419570	公司传真	86-852-8419075;86-852-84 19570
注册资本 (万元)	24509.00	公司规模 (人)	4179
关联证券	-		
所属行业	金属制品业		
概念板块	-		
所属指数	-		
公司网址	www.gzgsgf.com.cn		
公司邮箱	office@gzgs.com.cn		
注册地址	贵州省遵义市桃溪路47号		
办公地址	贵州省遵义市桃溪路47号		
主营业务	钢丝、钢丝绳及钢绞线生产、销售及进出口业务		
经营范围	钢丝、钢丝绳产品及相关设备、材料、技术的研究、生产、加工、销售及进出口业务；相关科技产品的研制、开发与技术服务；混凝土用钢材（钢丝、钢棒和钢绞线）、线材、小型钢材、机械设备制造、加工、销售及进出口业务；钢丝、钢丝绳生产科研所需的原辅材料、机械设备、仪器仪表、零配件的生产、销售及进出口；废旧钢铁收购、对外来料来样加工、来件加工、来件装配和进料加工及补偿贸易业务；建筑机电安装工程；索具加工、销售及进出口；化工产品（不含化学危险品）生产、销售及进出口业务；道路普通货物运输业务；起重机械的安装、维修等相应业务。		

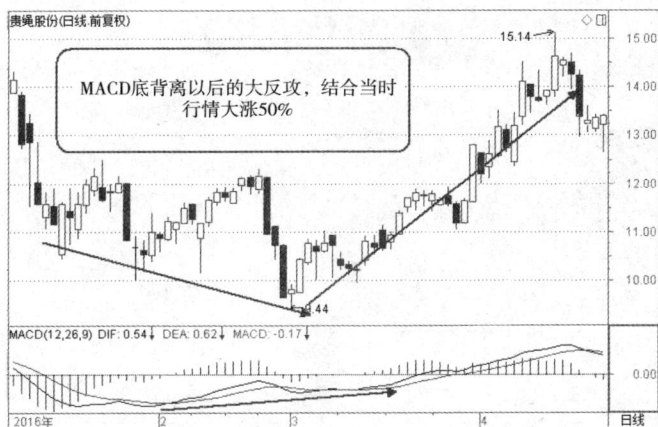

贵绳股份(日线 前复权)

MACD底背离以后的大反攻，结合当时行情大涨50%

15.14

MACD(12,26,9) DIF: 0.54↓ DEA: 0.62↓ MACD: -0.17↓

2016年

日线

操盘点睛

MACD 的背离实际上就是波浪理论中的第 5 浪，第 5 浪就是趋势末期，所以后面很容易反弹或反转。反过来，如果数到第 5 浪加上 MACD 的背离进行加强确定会提高交易胜算。

心得感悟

47 新华保险

基本资料：

公司名称	新华人寿保险股份有限公司		
英文名称	New China Life Insurance Company Ltd.		
曾用简称	-		
证券简称	新华保险	证券代码	601336
成立日期	1996-09-28	上市日期	2011-12-16
证券类别	A股-主板	经济性质	-
法人代表	万峰	总经理	万峰
公司董秘	龚兴峰	证券代表	徐秀
公司电话	86-10-85213233;86-852-35898678	公司传真	86-10-85213219;86-852-35898555
注册资本（万元）	311954.66	公司规模（人）	54378
关联证券	H股-新华保险(01336)		
所属行业	保险业		
概念板块	融资融券标的		
所属指数	沪深300,中证100指数,上证中央企业50指数,上证50,上证180		
公司网址	www.newchinalife.com		
公司邮箱	ir@newchinalife.com		
注册地址	北京市延庆县湖南东路1号		
办公地址	北京市朝阳区建国门外大街甲12号新华保险大厦		
主营业务	人寿保险业务。		
经营范围	人民币、外币的人身保险（包括各类人身保险、健康保险、意外伤害保险）；为境内外的保险机构代理保险、检验、理赔等业务；保险咨询；依照有关法规从事资金运用业务；经中国保监会批准的其他业务。		

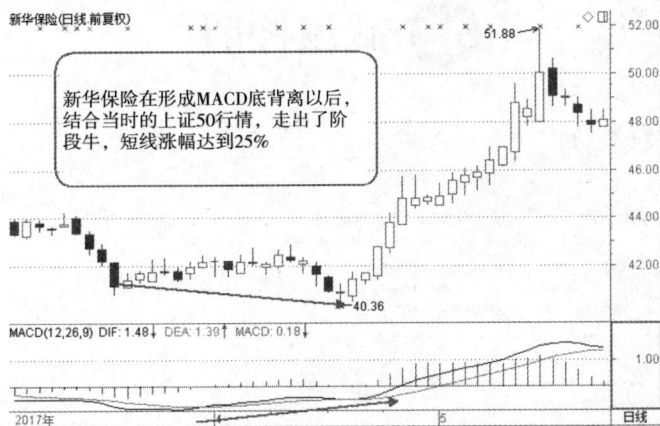

新华保险(日线 前复权)

新华保险在形成MACD底背离以后，结合当时的上证50行情，走出了阶段牛，短线涨幅达到25%

51.88→

40.36

MACD(12,26,9) DIF: 1.48↓ DEA: 1.39↑ MACD: 0.18↓

2017年

日线

操盘点睛

　　新华保险在形成了个股的底背离以后迎来了阶段性的牛市行情，走出了无数根阳线，这里有护盘需要，有国家政策的引导，还有对于当时价值个股估值回归的需求，所以催生了这样的个股行情，而 MACD 的底背离出现是技术指标对于股价的先行反应，因此当两者结合的时候我们往往要给予高度重视。

心得感悟

48 武汉控股

基本资料：

公司名称	武汉三镇实业控股股份有限公司		
英文名称	Wuhan Sanzhen Industry Holding Co.,Ltd.		
曾用简称	G武控,武汉控股,武汉实业		
证券简称	武汉控股	证券代码	600168
成立日期	1998-04-17	上市日期	1998-04-27
证券类别	A股-主板	经济性质	–
法人代表	黄思	总经理	张勇
公司董秘	冷立俊	证券代表	李凯
公司电话	86-27-85725739	公司传真	86-27-85725739
注册资本（万元）	70956.97	公司规模（人）	1119
关联证券	公司债-14武控01(122340),公司债-14武控02(136004)		
所属行业	水的生产和供应业		
概念板块	融资融券标的		
所属指数	–		
公司网址	www.600168.com.cn		
公司邮箱	whkg@600168.com.cn;dmxx@600168.com.cn		
注册地址	湖北省武汉市经济技术开发区联发大厦		
办公地址	湖北省武汉市武昌区友谊大道长江隧道出口处长江隧道公司管理大楼		
主营业务	城市给排水、污水综合治理:道路、桥梁、供气、供电、通讯等基础设施的投资、建设和经营管理		
经营范围	城市给排水、污水综合治理:道路、桥梁、供气、供电、通讯等基础设施的投资、建设和经营管理		

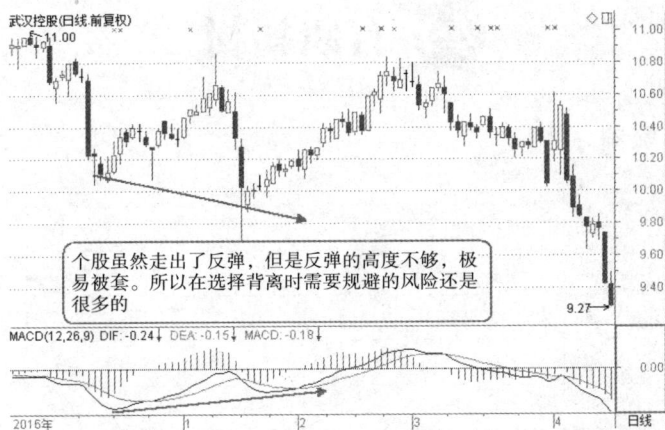

个股虽然走出了反弹，但是反弹的高度不够，极易被套。所以在选择背离时需要规避的风险还是很多的

操盘点睛

　　当 DIF、MACD 在 0 轴之上时，表明中短期移动平均线位于长期移动平均线之上，为多头市场。此时当 DIF 向上突破 MACD 时，是较好的买入信号；而当 DIF 向下跌破 MACD 时只能认为是回调，此时宜获利了结。反之，当 DIF、MACD 在 0 轴之下时，表明是空头市场。在 0 轴之下，当 DIF 向下跌破 MACD 时是较佳的卖出信号；而当 DIF 向上突破 MACD 时，只能认为是反弹，只适合短线操作，应快进快出。

心得感悟

49 有研新材

基本资料：

公司名称	有研新材料股份有限公司		
英文名称	Grinm Advanced Materials Co.,Ltd.		
曾用简称	G有研,有研硅股		
证券简称	有研新材	证券代码	600206
成立日期	1999-03-12	上市日期	1999-03-19
证券类别	A股-主板	经济性质	–
法人代表	张少明	总经理	王兴权
公司董秘	上官永恒	证券代表	金桥
公司电话	86-10-62369559	公司传真	86-10-62369559;86-10-62362059
注册资本（万元）	83877.83	公司规模（人）	1066
关联证券	–		
所属行业	有色金属冶炼和压延加工业		
概念板块	融资融券标的		
所属指数	上证380,上证小盘		
公司网址	www.gritek.com		
公司邮箱	stock@griam.cn		
注册地址	北京市海淀区北三环中路43号		
办公地址	北京市海淀区北三环中路43号		
主营业务	单晶硅、锗、化合物半导体材料的研究、开发和生产。		
经营范围	稀有、稀土、贵金属、有色金属及其合金，锗和化合物单晶及其衍生产品，以及半导体材料、稀土材料、稀有材料、贵金属材料、光电材料的研究、开发、生产、销售；相关技术开发、转让和咨询服务；相关器件、零部件、仪器、设备的研制；实业投资；进出口业务。		

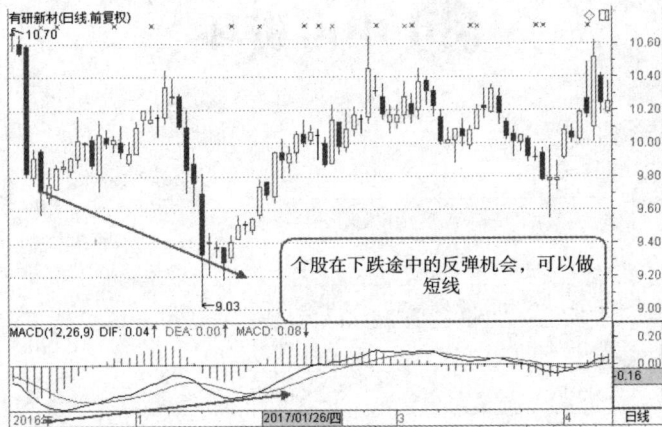

个股在下跌途中的反弹机会，可以做短线

操盘点睛

0值线以下区域的弱势"黄金交叉"。当 MACD 指标中的 DIF 线和 MACD 线在远离 0 值线以下区域同时向下运行很长一段时间后，当 DIF 线开始进行横向运行或慢慢勾头向上靠近 MACD 线时，如果 DIF 线接着向上突破 MACD 线，这是 MACD 指标的第一种"黄金交叉"。对于这一种"黄金交叉"，只是预示着反弹行情可能出现，并不表示该股的下跌趋势已经结束，股价还有可能出现反弹行情很快结束、股价重新下跌的情况。

心得感悟

50 中再资环

基本资料：

公司名称	中再资源环境股份有限公司		
英文名称	Zhongzai Resource and Environment Co.,Ltd.		
曾用简称	*ST秦岭, G秦岭, ST秦岭, 秦岭水泥		
证券简称	中再资环	证券代码	600217
成立日期	1996-11-06	上市日期	1999-12-16
证券类别	A股-主板	经济性质	-
法人代表	管爱国	总经理	李涛
公司董秘	朱连升	证券代表	樊吉社
公司电话	86-10-59535600	公司传真	86-10-59535600
注册资本（万元）	141133.65	公司规模（人）	1864
关联证券	-		
所属行业	废弃资源综合利用业		
概念板块	-		
所属指数	-		
公司网址	www.zhongzaizihuan.com		
公司邮箱	irm@zhongzaizihuan.com		
注册地址	陕西省铜川市耀州区东郊		
办公地址	北京市西城区宣武门外大街甲1号环球财讯中心B座8层		
主营业务	废弃电器电子产品的回收与拆解处理。		
经营范围	开发、回收、加工、销售可利用资源；日用百货、针纺织品、日用杂品、家具、五金交电、化工产品（易制毒、危险、监控化学品除外）、建筑材料、钢材、矿产品、金属材料、塑料制品、橡胶制品、纸制品、电子产品、汽车零部件的销售；固体废物处理；环境工程；设备租赁；货物进出口、技术进出口、代理进出口服务；资产管理；经济信息咨询；技术开发、技术服务、技术咨询、技术转让。（依法须经批准的项目，经相关部门批准后方可开展经营活动）。		

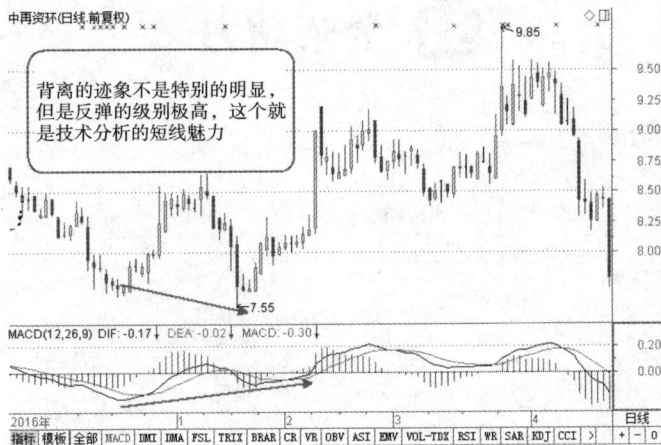

中再资环(日线 前复权) × ×××× × ×   9.85

背离的迹象不是特别的明显，
但是反弹的级别极高，这个就
是技术分析的短线魅力

7.55

MACD(12,26,9) DIF: -0.17↓ DEA: -0.02↓ MACD: -0.30↓

2016年
指标 模板 全部 MACD DMI DMA FSL TRIX BRAR CR VR OBV ASI EMV VOL-TDX RSI WR SAR KDJ CCI 〉 + - 0

操盘点睛

　　MACD 底背离形成的位置不同，带来的效果也不同。

　　当 MACD 指标中的 DIF 线和 MACD 线都运行在 0 值线附近区域时，如果 DIF 线在 MACD 线下方、由下向上突破 MACD 线，这是 MACD 指标的第二种"黄金交叉"。它可能就预示着股价的一轮升幅可观的上涨行情将很快开始，这是投资者买入股票的比较好的时机。

心得感悟

51 全柴动力

基本资料：

公司名称	安徽全柴动力股份有限公司		
英文名称	Anhui Quanchai Engine Co.,Ltd.		
曾用简称	G全柴,全柴动力		
证券简称	全柴动力	证券代码	600218
成立日期	1998-11-24	上市日期	1998-12-03
证券类别	A股-主板	经济性质	-
法人代表	谢力	总经理	丁维利
公司董秘	徐明余	证券代表	徐明余
公司电话	86-550-5038369;86-550-5038289	公司传真	86-550-5011156
注册资本(万元)	36875.50	公司规模(人)	3144
关联证券	-		
所属行业	通用设备制造业		
概念板块	融资融券标的		
所属指数	-		
公司网址	www.quanchai.com.cn		
公司邮箱	qc@quanchai.com.cn;qcxumy@163.com;wansh99@126.com		
注册地址	安徽省滁州市全椒县吴敬梓路788号		
办公地址	安徽省滁州市全椒县襄河镇吴敬梓路788号		
主营业务	发动机的研发、制造与销售。		
经营范围	内燃机、农业装备、工程机械、环保机械、生物工程机械、发电机组及其零配件的设计、开发、生产、销售、售后服务、技术咨询以及进出口等;塑料制品、建筑材料、塑料管材、管件、节水农业工程、塑料原辅材料、零配件设计、开发、生产、销售、管道安装、施工、售后服务、技术服务以及进出口等;自营和代理各类商品和技术的进出口业务。		

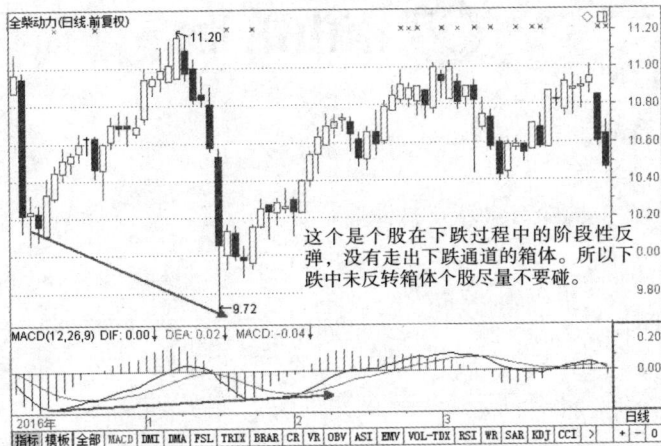

全柴动力(日线:前复权)

这个是个股在下跌过程中的阶段性反弹，没有走出下跌通道的箱体。所以下跌中未反转箱体个股尽量不要碰。

MACD(12,26,9) DIF: 0.00↓ DEA: 0.02↓ MACD: -0.04↓

操盘点睛

MACD 的底背离形成的位置出现在下降通道当中，无法突破下降轨道，在上轨位置就需要出来。

心得感悟

52 南山铝业

基本资料：

公司名称	山东南山铝业股份有限公司		
英文名称	Shandong Nanshan Aluminium Co.,Ltd.		
曾用简称	G南山,南山实业		
证券简称	南山铝业	证券代码	600219
成立日期	1993-03-18	上市日期	1999-12-23
证券类别	A股-主板	经济性质	-
法人代表	宋昌明	总经理	宋昌明
公司董秘	隋冠男	证券代表	王仁权
公司电话	86-535-8666352;86-535-8616188	公司传真	86-535-8616230
注册资本（万元）	925110.29	公司规模（人）	18275
关联证券	公司债-15南铝02(122480),公司债-15南铝01(122479),公司债-17南铝债(143271),公司债-17南铝债(143271)		
所属行业	有色金属冶炼和压延加工业		
概念板块	融资融券标的		
所属指数	上证180,中证小盘500指数,上证中盘		
公司网址	www.600219.com.cn		
公司邮箱	nanshan@public.ytptt.sd.cn;xingmeimin@nanshan.com.cn;suiguannan@nanshan.com.cn		
注册地址	山东省龙口市东江镇前宋村		
办公地址	山东省龙口市东江镇南山村		
主营业务	铝制品、毛纺织品的开发、生产及销售、电力的生产及供应。		
经营范围	许可证范围内电力生产(有效期限以许可证为准)；天然气销售（限分支机构经营）；锻造产品、石墨和碳素制品、铝及铝合金制品开发、生产、加工、销售；批准范围的自营进出口、进料加工和"三来一补"业务；装饰装修及铝合金结构制品、铝门窗的安装（须凭资质证书经营）；模具设计与制造；燃气灶具、金属材料、机械设备、塑料制品、化工产品（不含危险化学品）销售；包装箱、托盘、玻纤增强尼龙隔热条生产、销售；铝合金压力加工工程和技术研究开发、技术咨询、技术服务；检验测试。（依法须经批准的项目，经相关部门批准后方可开展经营活动）。		

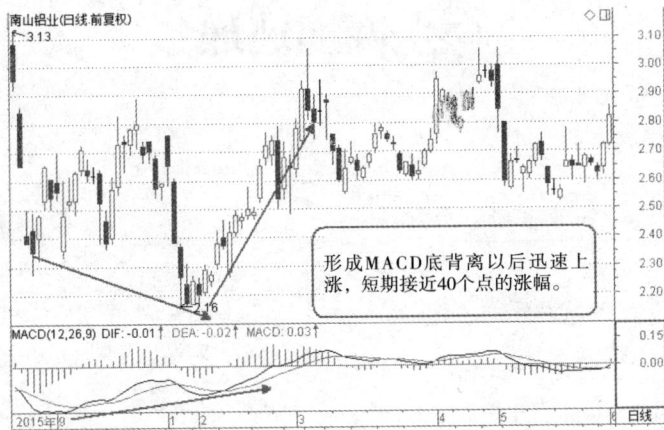

南山铝业(日线 前复权)

形成MACD底背离以后迅速上涨，短期接近40个点的涨幅。

MACD(12,26,9) DIF: -0.01↑ DEA: -0.02↑ MACD: 0.03↑

操盘点睛

MACD 的底背离结合股价连续在低点出现几次，表明受到压制，一但压制去掉，爆发力将会惊人。

由于未来反弹中的成交量很难提前预测，故此判断底背离反弹潜力更主要还是取决于背离过程中振幅的大小。指标振幅大就好比弹性好的弹簧，在背离时一时受到压制，但一旦取消压制，其自然继续爆发出良好的弹性。

心得感悟

53 圆通速递

基本资料：

公司名称	圆通速递股份有限公司		
英文名称	YTO Express Group Co.,Ltd.		
曾用简称	G大杨,大连创世,大杨创世		
证券简称	圆通速递	证券代码	600233
成立日期	1992-12-22	上市日期	2000-06-08
证券类别	A股-主板	经济性质	-
法人代表	喻会蛟	总经理	喻会蛟
公司董秘	朱锐	证券代表	张龙武
公司电话	86-21-69777777;86-21-69213602	公司传真	86-21-59832913
注册资本(万元)	282122.96	公司规模(人)	22731
关联证券	-		
所属行业	邮政业		
概念板块	-		
所属指数	沪深300,上证中盘,上证180		
公司网址	www.yto.net.cn		
公司邮箱	ir@yto.net.cn		
注册地址	辽宁省大连市杨树房经济开发小区		
办公地址	上海市青浦区华新镇华徐公路3029弄18号		
主营业务	以快递服务为核心，围绕客户需求提供代收货款、仓配一体等物流延伸服务		
经营范围	国内、国际快递：从事道路、航空、水路国际货物运输代理业务；普通货物仓储；国内航空运输代理；汽车租赁服务；供应链管理服务。		

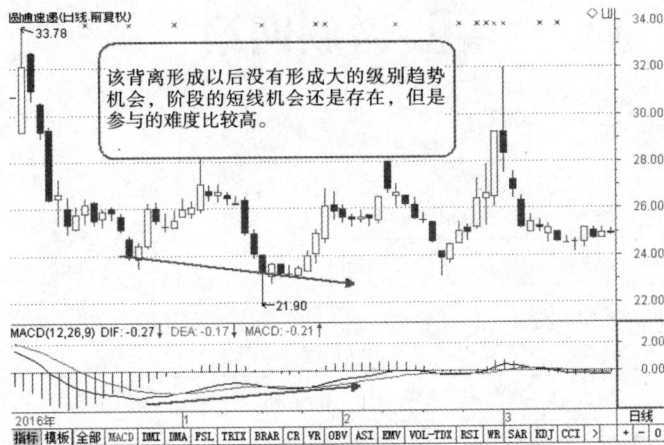

该背离形成以后没有形成大的级别趋势机会，阶段的短线机会还是存在，但是参与的难度比较高。

操盘点睛

下跌双底，背离次数越多越好。

MACD双底背离的可操作性比MACD单个底背离高，也是过滤后面买入信号真假的关键，背离越大，准确率越高，后面的升幅越大。

心得感悟

54 游族网络

基本资料：

公司名称	游族网络股份有限公司		
英文名称	Youzu Interactive Co.,Ltd.		
曾用简称	梅花伞		
证券简称	游族网络	证券代码	002174
成立日期	2005-12-28	上市日期	2007-09-25
证券类别	A股-中小板	经济性质	中外合资
法人代表	林奇	总经理	林奇
公司董秘	刘楠	证券代表	朱梦静
公司电话	86-21-33671551	公司传真	86-21-33676520
注册资本（万元）	86131.50	公司规模（人）	1929
关联证券	公司债-17游族01(112514),公司债-17游族01(112514)		
所属行业	互联网和相关服务		
概念板块	-		
所属指数	沪深300,中小企业板,深证成指		
公司网址	www.yoozoo.com		
公司邮箱	ir@youzu.com		
注册地址	福建省晋江市经济开发区安东园金山路31号		
办公地址	上海市徐汇区宜山路711号华鑫商务中心2号楼		
主营业务	网页或手机端游戏的开发与运营		
经营范围	计算机技术领域内的技术开发、技术转让、技术服务、技术咨询；计算机系统集成；动漫设计；创意服务；图文设计制作；计算机软硬件及辅助设备（除计算机信息系统安全专用产品）的销售；软件技术进出口业务。（依法须经批准的项目，经相关部门批准后方可开展经营活动）		

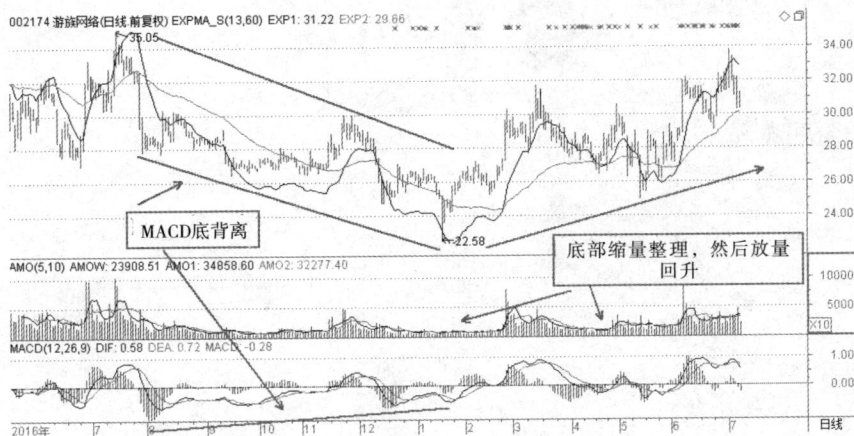

002174 游族网络(日线 前复权) EXPMA_S(13,60) EXP1: 31.22 EXP2: 29.86

35.05

MACD底背离

底部缩量整理，然后放量
回升

22.58

AMO(5,10) AMOW: 23908.51 AMO1: 34858.60 AMO2: 32277.40

MACD(12,26,9) DIF: 0.58 DEA: 0.72 MACD: -0.28

2016年　7　　　　　8　　　　　11　　　12　　　　　2　　　3　　　4　　　5　　　6　　　7　　　日线

操盘点晴

MACD 底背离后在底部缩量整理，然后缓缓放量回升。

如图所示，游族网络在股价不断下跌时，MACD 的绿柱逐渐缩短甚至变成红柱且红白双线的底部不断抬升。这说明它下跌的动能在逐渐减弱。并且它在底部缩量整理，然后缓缓地放量完成筹码的交换。特别是在 2 月中旬，它的 13 日均线超过了 60 日均线，由弱转强。最终迎来反弹，形成一小段升幅。

心得感悟

55 华兰生物

基本资料：

公司名称	华兰生物工程股份有限公司		
英文名称	Hualan Biological Engineering,Inc.		
曾用简称	G华兰,华兰生物		
证券简称	华兰生物	证券代码	002007
成立日期	2000-09-07	上市日期	2004-06-25
证券类别	A股-中小板	经济性质	–
法人代表	安康	总经理	安康
公司董秘	谢军民	证券代表	吕成玉
公司电话	86-373-3559989	公司传真	86-373-3559991
注册资本(万元)	93008.77	公司规模(人)	1718
关联证券	–		
所属行业	医药制造业		
概念板块	融资融券标的		
所属指数	沪深300,中小企业板,深证创新总收益指数,深证成指,深证300价格指数,深证100收益指数		
公司网址	www.hualanbio.com		
公司邮箱	hualan@hualanbio.com		
注册地址	河南省新乡市华兰大道甲1号		
办公地址	河南省新乡市华兰大道甲1号		
主营业务	从事血液制品、疫苗、基因工程产品研发、生产和销售的国家高新技术企业。		
经营范围	生产、销售自产的生物制品、血液制品。		

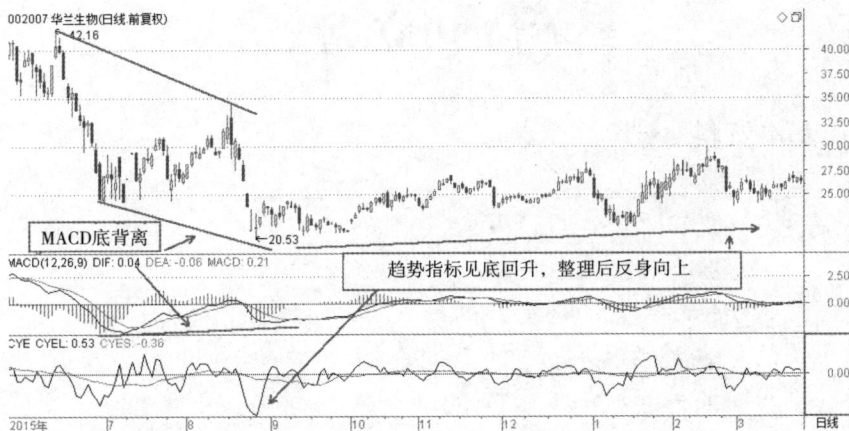

002007 华兰生物(日线 前复权)
42.16
MACD底背离
20.53
MACD(12,26,9) DIF: 0.04 DEA: -0.06 MACD: 0.21
趋势指标见底回升，整理后反身向上
CYE CYEL: 0.53 CYES: -0.36
2015年　7　8　9　10　11　12　1　2　3　日线

📈 操盘点晴

　　趋势指标一旦见底后反向，会形成新的趋势。

　　华兰生物在经过一段股价不断下跌但是 MACD 能量柱却一浪比一浪高，DIF、DEA 的底部也不断抬高的 MACD 底背离过程后，股价创了新低。与此同时，CYE（趋势指标）创出新低后见底回升，股价在底部区域进行了一段整理，夯实了底部，然后开始了一小段反弹。

📈 心得感悟

56 可立克

基本资料：

公司名称	深圳可立克科技股份有限公司		
英文名称	ShenZhen Click Technology Co.,Ltd.		
曾用简称	-		
证券简称	可立克	证券代码	002782
成立日期	2004-03-01	上市日期	2015-12-22
证券类别	A股-中小板	经济性质	港澳台投资
法人代表	肖铿	总经理	肖铿
公司董秘	段铁群	证券代表	梅梦凡
公司电话	86-755-29918075	公司传真	86-755-29918075
注册资本（万元）	42600.00	公司规模（人）	2897
关联证券	-		
所属行业	计算机、通信和其他电子设备制造业		
概念板块	-		
所属指数	深证成指,中小企业板		
公司网址	www.clickele.com		
公司邮箱	invest@clickele.com		
注册地址	广东省深圳市宝安区福永街道桥头社区正中工业厂区7栋1、2、4层		
办公地址	广东省深圳市宝安区福永街道桥头社区正中工业厂区7栋1、2、4层		
主营业务	电子变压器和电感等磁性元件以及电源适配器、动力电池充电器和定制电源等开关电源产品的开发、生产和销售。		
经营范围	开发、生产经营高低频变压器、电源产品及相关电子零配件、ADSL话音分离器、电感、滤波器、电路板（不含印刷电路板）、连接器、镇流器及电脑周边产品；从事货物及技术进出口（不含分销、国家专营专控商品）；普通货运；自有物业租赁（艺华花园）。		

002782 可立克(日线 前复权)

MACD底背离

形成W双底，缓缓放量

MACD(12,26,9) DIF: 0.69 DEA 0.59 MACD: 0.20

VOLUME: 129210.49 MA5: 119804.80 MA10: 119977.40

📈 操盘点睛

可立克在 2017 年 1 月到 2017 年 6 月份这个区间内，股价不断下跌并创了新低。但是与此同时，它的 MACD 能量柱却并未创新低，DIF 与 DEA 也未创新低。这说明在这段下跌的过程中，下跌的加速度在不断地减小，也就是说下跌的动能在慢慢地减弱。之后形成了 W 的双底形态，量能也慢慢放大。显示此时有资金慢慢地进来了，多方占据了上风。因此股价中止了跌势，迎来了阶段性的反弹。

📈 心得感悟

57 云海金属

基本资料：

公司名称	南京云海特种金属股份有限公司		
英文名称	Nanjing Yunhai Special Metals Co.,Ltd.		
曾用简称	–		
证券简称	云海金属	证券代码	002182
成立日期	1993-11-30	上市日期	2007-11-13
证券类别	A股-中小板	经济性质	–
法人代表	梅小明	总经理	梅小明
公司董秘	吴剑飞	证券代表	–
公司电话	86-25-57234888	公司传真	86-25-57234168
注册资本（万元）	64642.25	公司规模（人）	3094
关联证券	–		
所属行业	有色金属冶炼和压延加工业		
概念板块	–		
所属指数	中小企业板		
公司网址	www.rsm.com.cn		
公司邮箱	yunhai@rsm.com.cn		
注册地址	江苏省南京市溧水经济开发区秀山东路9号		
办公地址	江苏省南京市溧水经济开发区秀山东路9号		
主营业务	从事镁合金、铝合金、中间合金和金属锶的生产经营。		
经营范围	金属镁及镁合金产品、金属锶和其它碱土金属及合金、铝合金的生产和销售；以上产品设备和辅料的制造、销售；经营本企业自产产品及技术的出口业务；经营本企业生产、科研所需的原辅材料、仪器仪表、机械设备、零配件及技术的进出口业务（国家限定公司经营和国家禁止进口的商品及技术除外）；经营进料加工和"三来一补"业务。		

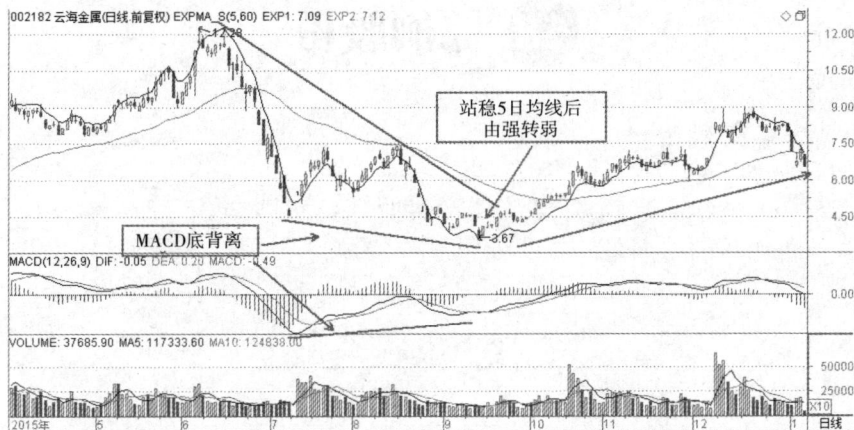

002182 云海金属(日线 前复权) EXPMA_S(5,60) EXP1: 7.09 EXP2 7.12

站稳5日均线后
由强转弱

MACD底背离

MACD(12,26,9) DIF: -0.05 DEA 0.20 MACD: -0.49

VOLUME: 37685.90 MA5: 117333.60 MA10: 124838.00

操盘点晴

　　5 日均线是衡量股票短期是否强势的一个重要标准，若能站稳
5 日均线则为强势。

　　云海金属在底背离创新低之后反身向上，稳稳地将 5 日均线踩
在了脚下，说明它已经见了短期的底部，由弱势转为强势了。

心得感悟

----

58 棕榈股份

基本资料：

公司名称	棕榈生态城镇发展股份有限公司		
英文名称	Palm Eco-Town Development Co.,Ltd.		
曾用简称	棕榈园林		
证券简称	棕榈股份	证券代码	002431
成立日期	1991-12-19	上市日期	2010-06-10
证券类别	A股-中小板	经济性质	-
法人代表	林从孝	总经理	林从孝
公司董秘	冯玉兰	证券代表	陈思思
公司电话	86-20-85189002,86-20-851 89003	公司传真	86-20-85189000
注册资本 (万元)	148698.55	公司规模 (人)	1090
关联证券	公司债-16棕榈01(112372),公司债-16棕榈02(112449),公司债-16棕榈01(112372),公司债-16棕榈02(112449)		
所属行业	土木工程建筑业		
概念板块	融资融券标的		
所属指数	深证300成长全收益指数,中证小盘500指数,中小企业板,深证成指,深证300价格指数		
公司网址	www.palm-la.com		
公司邮箱	002431@palm-la.com		
注册地址	广东省广州市花都区迎宾大道95号交通大楼17楼1701室		
办公地址	广东省广州市天河区马场路16号富力盈盛广场B栋23-25楼		
主营业务	主要从事园林景观设计和园林工程施工业务,主要为房地产景观工程、高端休闲度假区地产园林工程及政府公共园林工程等项目提供园林景观设计和园林工程施工服务,另外公司也从事苗木的种植与经营。		
经营范围	生态环境治理、土壤修复、水处理；城镇及城市基础设施的规划设计、配套建设、产业策划运营；智能服务；项目投资、投资管理；市政工程、园林绿化工程施工和园林养护；风景园林规划设计、城乡规划设计、旅游规划设计、建筑设计、市政工程设计、园林工程监理；销售园林工程材料及园艺用品、研究、开发、种植、销售园林植物；经营本企业自产产品及技术的出口业务和本企业所需的机械设备、零配件、原辅材料及技术的进口业务,但国家限定公司经营或禁止进出口的商品及技术除外。（依法须经批准的项目,经相关部门批准后方可开展经营活动。）		

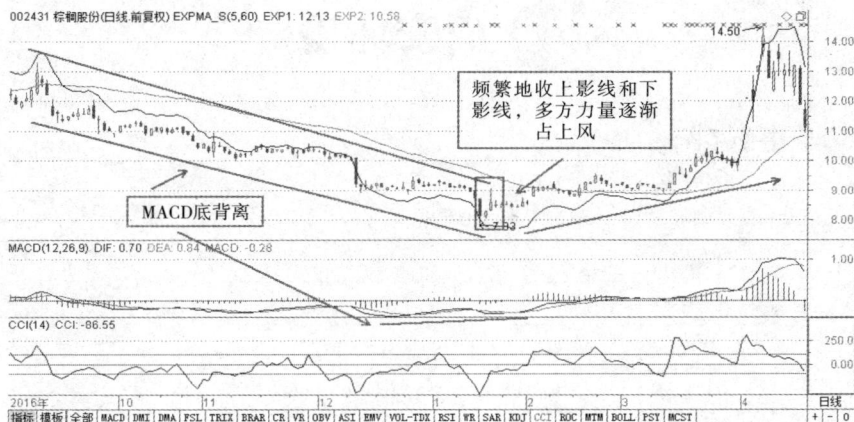

002431 棕榈股份(日线 前复权) EXPMA_S(5,60) EXP1:12.13 EXP2:10.58

频繁地收上影线和下影线，多方力量逐渐占上风

MACD底背离

MACD(12,26,9) DIF: 0.70 DEA: 0.84 MACD: -0.28

CCI(14) CCI: -86.55

📈 操盘点睛

棕榈股份在 2015 年 12 月份到 2016 年 1 月中旬这段时间内沿着图中通道跌跌不休，在 1 月中旬创出新低。但是 MACD 的能量柱总体趋势是在缩短的。当股价创出新低时，绿柱并没有创新低，而且 DIF 与 DEA 双线的底部也在不断地抬高，这说明下跌动能在慢慢地减弱。同时，股价创新低那天收了长的下影线，并且两天之后又收了一个长上影线。可见在多空双方的激烈博弈之中，多方逐渐占了上风。

📈 心得感悟

59 盾安环境

基本资料：

公司名称	浙江盾安人工环境股份有限公司		
英文名称	Zhejiang Dun'an Artificial Environment Co.,Ltd.		
曾用简称	G盾安,盾安环境		
证券简称	盾安环境	证券代码	002011
成立日期	2001-12-19	上市日期	2004-07-05
证券类别	A股-中小板	经济性质	民营企业
法人代表	冯忠波	总经理	江挺候
公司董秘	何晓梅	证券代表	何晓梅,林楠芳
公司电话	86-571-87113776;86-571-87113798	公司传真	86-571-87113775
注册资本（万元）	91721.22	公司规模（人）	9406
关联证券	公司债-17盾安01(112525),公司债-17盾安01(112525)		
所属行业	通用设备制造业		
概念板块	融资融券标的		
所属指数	中小企业板,中证小盘500指数		
公司网址	www.dunan.net		
公司邮箱	dazq@dunan.net		
注册地址	浙江省诸暨市店口工业区		
办公地址	浙江省杭州市滨江区滨安路1190号智汇领地科技园B座		
主营业务	制冷元器件、制冷设备的研发、生产和销售，以及提供节能服务系统解决方案。		
经营范围	制冷通用设备、家用电力器具部件、金属材料的制造、销售和服务，暖通空调工程的设计、技术咨询及系统工程安装；机械工程、电子、通信与自动控制的技术研发与技术咨询；机器设备及自有房屋租赁；实业投资；企业管理咨询，经营进出口业务（依法须经批准的项目，经相关部门批准后方可开展经营活动）。		

002011 盾安环境(日线 前复权) EXPMA_S(5,60) EXP1: 16.38 EXP2: 14.01

回踩5日线和60日线后继续强
势上升

MACD底
背离

MACD(12,26,9) DIF: 0.81 DEA: 0.71 MACD: 0.19

BOLL(20) BOLL:15.13 UB: 17.29 LB: 12.98

2015年　　7　　8　　9　　10　　11　　12　　日线

操盘点睛

短线看 5 日均线，中线看 60 日线。

盾安环境股价见了短期底之后迎来了阶段性的反弹。反弹至
11 月初时，股价回踩了 60 日线不破。这表示中线行情可期，随后
果然继续走出了一段向上的行情。

心得感悟

60 美欣达

基本资料：

公司名称	浙江美欣达印染集团股份有限公司		
英文名称	Zhejiang Mizuda Printing&Dyeing Group Co.,Ltd.		
曾用简称	G美欣达,美欣达		
证券简称	美欣达	证券代码	002034
成立日期	1998-07-07	上市日期	2004-08-26
证券类别	A股-中小板	经济性质	-
法人代表	芮勇	总经理	潘玉根
公司董秘	刘昭和	证券代表	林春娜
公司电话	86-572-2619936;86-572-26 19935	公司传真	86-572-2619937
注册资本（万元）	10804.00	公司规模（人）	653
关联证券	-		
所属行业	纺织业		
概念板块	-		
所属指数	中小企业板		
公司网址	www.mizuda.com		
公司邮箱	lcn@mizuda.net		
注册地址	浙江省湖州市天字圩路288号		
办公地址	浙江省湖州市天字圩路288号		
主营业务	全棉灯芯绒、纱卡的印染及后整理。		
经营范围	经营进出口业务（详见外经贸部批文）；各类纺织品、服装的印染、制造、加工、销售；房屋租赁，物业管理，后勤服务。（依法须经批准的项目，经相关部门批准后方可开展经营活动）		

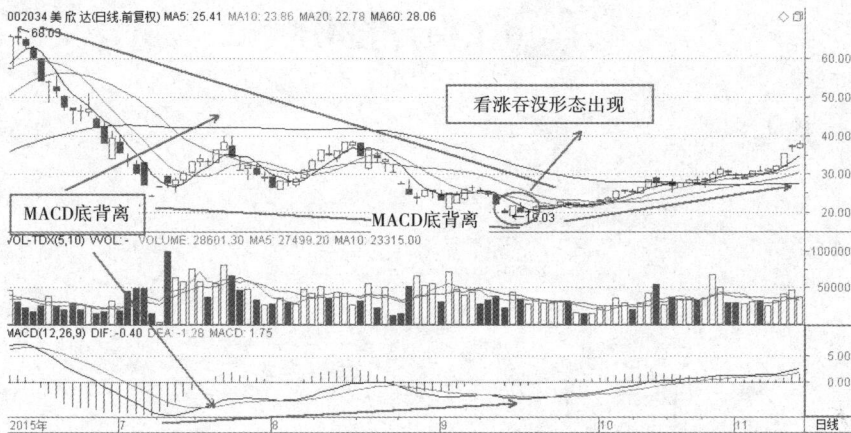

图中标注：
- 002034 美欣达(日线前复权) MA5: 25.41 MA10: 23.86 MA20: 22.78 MA60: 28.06
- 68.09
- 看涨吞没形态出现
- MACD底背离
- MACD底背离
- 13.03
- VOL-TDX(5,10) VOL: VOLUME: 28601.30 MA5: 27499.20 MA10: 23315.00
- MACD(12,26,9) DIF: -0.40 DEA: -1.28 MACD: 1.75
- 2015年　7　8　9　10　11　日线

⩕ 操盘点睛

MACD 底背离之后出现看涨吞没形态，见底的可能性极大。

美欣达在 9 月中旬创出新低时出现 MACD 底背离，并且见底的那天出现了看涨吞没形态。这说明它下跌趋势的驱动力在慢慢地减弱，而上涨的潜在力量正在壮大。最后股价见了短期底，回调到位，自然就能反身向上。

⩕ 心得感悟

---

⑥1 御银股份

基本资料：

公司名称	广州御银科技股份有限公司		
英文名称	Guangzhou Kingteller Technology Co.,Ltd.		
曾用简称	-		
证券简称	御银股份	证券代码	002177
成立日期	2001-04-26	上市日期	2007-11-01
证券类别	A股-中小板	经济性质	-
法人代表	谭骅	总经理	谭骅
公司董秘	谭骅	证券代表	佘咏芳
公司电话	86-20-29087848	公司传真	86-20-29087850
注册资本（万元）	76119.13	公司规模（人）	396
关联证券	-		
所属行业	专用设备制造业		
概念板块	-		
所属指数	中小企业板		
公司网址	www.kingteller.com.cn		
公司邮箱	zqb@kingteller.com.cn		
注册地址	广东省广州市天河区高唐路234号901房		
办公地址	广东省广州市萝岗区瑞发路12号		
主营业务	ATM设备及相关系统软件的研发、制造、销售以及为银行提供ATM运营服务。		
经营范围	自动售货机、售票机、柜员机及零配件的批发；自动售货机、售票机、柜员机及零配件的零售；信息系统集成服务；集成电路设计；密钥管理类设备和系统制造，安全系统监控服务；安全技术防范产品制造；安全技术防范系统设计、施工、维修；安全技术防范产品批发；安全技术防范产品零售；安全智能卡类设备和系统制造；受金融企业委托提供非金融业务服务；电子、通信与自动控制技术研究、开发；计算器及货币专用设备制造；计算机技术开发、技术服务；计算机应用电子设备制造；计算机信息安全设备制造；信息电子技术服务；软件开发、软件批发、软件零售、软件服务、软件测试服务；电子产品批发；电子产品零售；电子设备工程安装服务；电子产品设计服务；机械设备租赁；工程技术咨询服务；技术进出口；货物进出口（专营专控商品除外）；自有房地产经营活动；房地产开发经营；房地产咨询服务；担保服务（融资性担保除外）；物业管理；投资咨询服务；代驾服务；场地租赁（不含仓储）；企业自有资金投资；投资管理服务；资产管理（不含许可审批项目）；汽车租赁；房屋租赁；房地产中介服务；汽车援救服务。许可经营项目：融资租赁服务。		

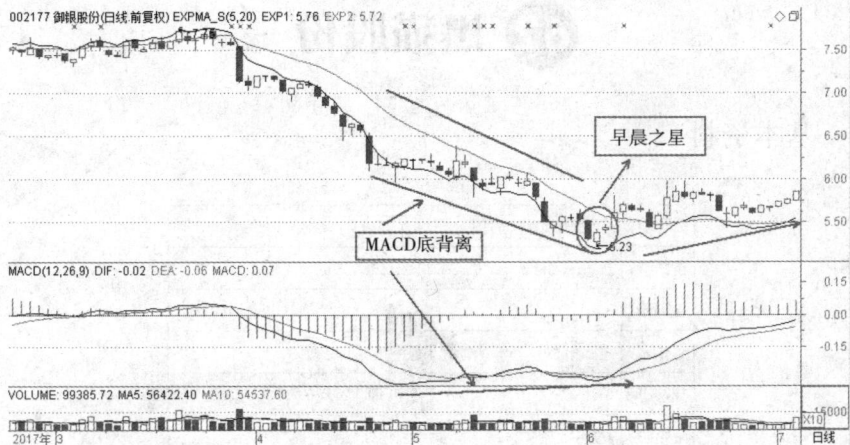

002177 御银股份(日线 前复权) EXPMA_S(5,20) EXP1: 5.76 EXP2: 5.72

早晨之星

MACD底背离

MACD(12,26,9) DIF: -0.02 DEA: -0.06 MACD: 0.07

VOLUME: 99385.72 MA5: 56422.40 MA10: 54537.60

2017年3   4   5   6   7 日线

~~ 操盘点睛

　　无论什么指标，成功率都不会是百分之百。绝大多数筑底形态中伴随底背离，配合 K 线信号能够大大地提高其成功率。御银股份在 2017 年 6 月份初见底的那几天 MACD 能量柱在 0 轴附近徘徊，说明多空双方交战激烈，胜负难分。随后的几天内走出了"早晨之星"的 K 线形态与红三兵的 K 线形态，而后终于脱离了下降通道。

~~ 心得感悟

62 黑猫股份

基本资料：

公司名称	江西黑猫炭黑股份有限公司		
英文名称	Jiangxi Black Cat Carbon Black Inc.,Ltd.		
曾用简称	–		
证券简称	黑猫股份	证券代码	002068
成立日期	2001-07-12	上市日期	2006-09-15
证券类别	A股-中小板	经济性质	国有控股
法人代表	王耀	总经理	魏明
公司董秘	李毅	证券代表	张志景
公司电话	86-798-8399126	公司传真	86-798-8399126
注册资本（万元）	72706.36	公司规模（人）	4360
关联证券	–		
所属行业	化学原料和化学制品制造业		
概念板块	–		
所属指数	中小企业板		
公司网址	www.jx-blackcat.com		
公司邮箱	heimaoth@126.com		
注册地址	江西省景德镇市昌江区历尧		
办公地址	江西省景德镇市昌江区历尧		
主营业务	炭黑、焦油精制和白炭黑等产品的生产与销售		
经营范围	生产销售萘、粗酚、焦油沥青、盐酸、次氯酸钠、蒽油（凭安全生产许可证经营）；乙烯焦油、蒽油、煤焦油、轻油、洗油、炭黑油、盐酸、次氯酸钠、工业萘、粗酚、减水剂、沥青炭黑及其尾气、白炭黑零售（凭危险化学品经营许可证经营）；饲料二氧化硅生产销售、脱酚油及其它化工产品销售（以上项目不含危险化学品）；劳务服务；自有商标授权服务；对外贸易经营（实行国营贸易管理货物的进出口业务除外）。（依法须经批准的项目，经相关部门批准后方可开展经营活动）		

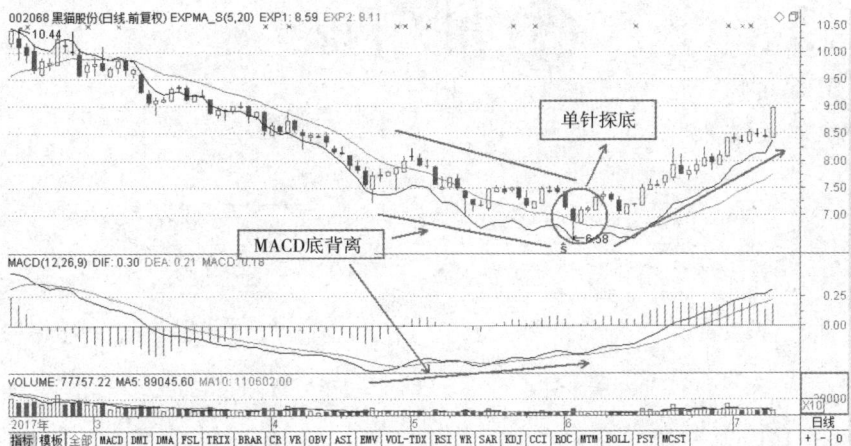

002068 黑猫股份(日线 前复权) EXPMA_S(5,20) EXP1: 8.59 EXP2: 8.11

单针探底

MACD底背离

MACD(12,26,9) DIF: 0.30 DEA: 0.21 MACD: 0.18

VOLUME: 77757.22 MA5: 89045.60 MA10: 110602.00

操盘点晴

MACD 底背离后注意股价是否有其它由弱转强的信号。

黑猫股份产生 MACD 底背离创新低后快速收回，形成了单针探底的形态，若在收盘之前能确定，则是较佳的低吸点，后市将快速上扬。

心得感悟

63 川大智胜

基本资料：

公司名称	四川川大智胜软件股份有限公司		
英文名称	Wisesoft Co.,Ltd.		
曾用简称	-		
证券简称	川大智胜	证券代码	002253
成立日期	2000-11-22	上市日期	2008-06-23
证券类别	A股-中小板	经济性质	-
法人代表	游志胜	总经理	范雄
公司董秘	王洋	证券代表	吴俊杰
公司电话	86-28-68727816;86-28-68724787	公司传真	86-28-84173422
注册资本（万元）	22562.61	公司规模（人）	570
关联证券	-		
所属行业	软件和信息技术服务业		
概念板块	-		
所属指数	中小企业板		
公司网址	www.wisesoft.com.cn		
公司邮箱	wisesoft@wisesoft.comcn		
注册地址	四川省成都市武科东一路七号		
办公地址	四川省成都市武科东一路七号		
主营业务	空中交通管理、飞行模拟、智能化图像识别和合成。		
经营范围	软件、硬件及配套系统开发，系统集成和图象图形工程，从事安防产品生产、销售及安防工程设计、施工；建筑智能化工程设计、施工；房屋租赁、设备租赁；民航空管工程及机场弱电系统工程施工；电子工程、电子工程施工；电子及通信产品生产、销售；技术咨询、技能培训；经营本企业和本企业成员企业自产产品及相关技术的出口业务（国家限定和禁止经营商品除外），经营本企业和本企业成员企业生产、科研所需的原辅材料、机械设备、仪器仪表、零配件及相关技术的进口业务（国家限定或禁止经营商品除外）；经营本企业的进料加工和"三来一补"业务。		

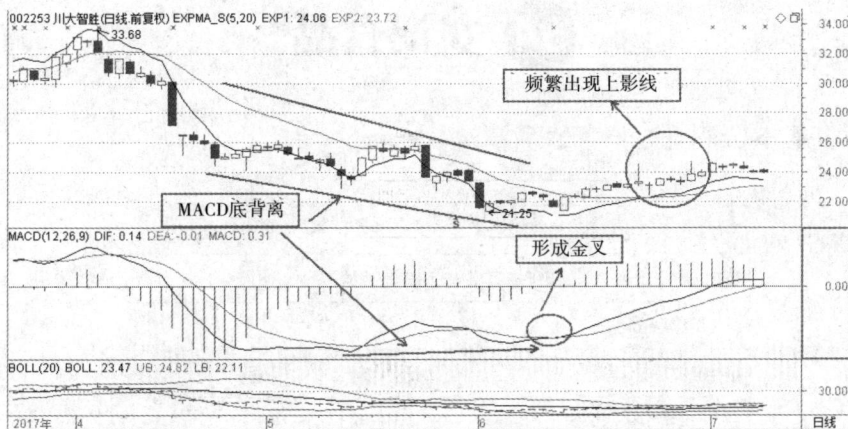

图中标注：
- 002253 川大智胜(日线 前复权) EXPMA_S(5,20) EXP1: 24.06 EXP2: 23.72
- 33.68
- 频繁出现上影线
- MACD底背离
- 形成金叉
- ←21.25
- MACD(12,26,9) DIF: 0.14 DEA: -0.01 MACD: 0.31
- BOLL(20) BOLL: 23.47 UB: 24.82 LB: 22.11
- 2017年   4   5   6   7   日线

操盘点睛

频繁出现上影线表示多方做多的意愿强烈，但上行压力较大。

川大智胜在 5 月底创出新低形成底背离。随后几天还形成了金叉，这说明它下跌的动能在慢慢地减弱，此时已经由弱转强了。

随后的上扬过程中，股价频繁地收上影线，可见多方不但占了上风，而且有十分强烈的做多意愿，但是上影线也说明了上方的压力较大。

心得感悟

64 安记食品

基本资料：

公司名称	安记食品股份有限公司		
英文名称	Anji Foodstuff Co.,Ltd.		
曾用简称	-		
证券简称	安记食品	证券代码	603696
成立日期	1995-09-28	上市日期	2015-12-09
证券类别	A股-主板	经济性质	-
法人代表	林肖芳	总经理	林肖芳
公司董秘	周倩	证券代表	许文瑛
公司电话	86-595-22499222	公司传真	86-595-22496222
注册资本（万元）	12000.00	公司规模（人）	336
关联证券	-		
所属行业	食品制造业		
概念板块	-		
所属指数	-		
公司网址	www.anjifood.com		
公司邮箱	Nicole@anjifood.com;xwy@anjifood.com		
注册地址	福建泉州市清濛科技工业区4-9(A)(美泰路)		
办公地址	福建泉州市清濛科技工业区4-9(A)(美泰路)		
主营业务	调味品的研发、生产和销售		
经营范围	制造调味品；食品研究开发；调味品进口、批发（依法须经批准的项目，经相关部门批准后方可开展经营活动）		

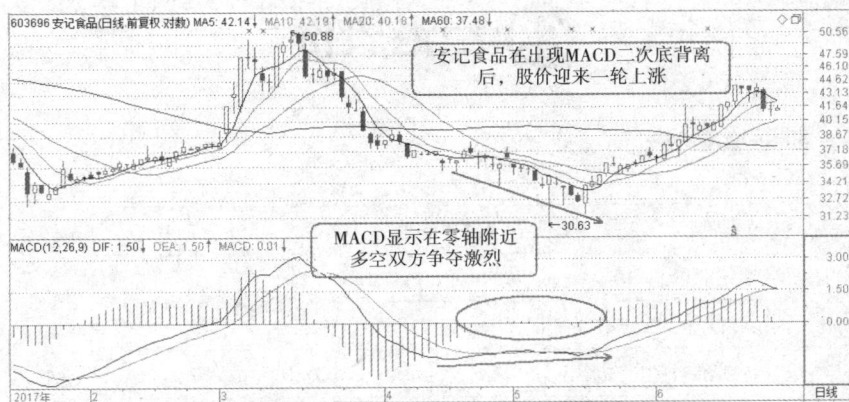

603696 安记食品(日线 前复权 对数) MA5: 42.14↓ MA10 42.19↑ MA20: 40.16↑ MA60: 37.48↓

安记食品在出现MACD二次底背离后，股价迎来一轮上涨

MACD显示在零轴附近多空双方争夺激烈

MACD(12,26,9) DIF: 1.50↓ DEA: 1.50↑ MACD: 0.01↑

2017年　2　3　4　5　6　　日线

📈 操盘点睛

在一段时间的调整之后，安记食品 MACD 出现红柱时，股价有企稳的迹象，在 K 线上留下很多主力护盘的下影线，股价是继续走下跌趋势，但是 MACD 维持在零轴附近，多空双方争夺愈烈，多方逐渐占优，在 MACD 日线形成底背离后，安记食品走出了阶段性的反弹行情。

📈 心得感悟

65 空港股份

基本资料：

公司名称	北京空港科技园区股份有限公司		
英文名称	Beijing Airport High-Tech Park Co.,Ltd.		
曾用简称	G空港,空港股份		
证券简称	空港股份	证券代码	600463
成立日期	2000-03-28	上市日期	2004-03-18
证券类别	A股-主板	经济性质	-
法人代表	卞云鹏	总经理	宣顺华
公司董秘	刘彦明	证券代表	柳彬
公司电话	86-10-80489305	公司传真	86-10-80491684
注册资本（万元）	30000.00	公司规模（人）	641
关联证券	-		
所属行业	土木工程建筑业		
概念板块	-		
所属指数	-		
公司网址	www.600463.com.cn		
公司邮箱	kg600463@163.com;yanm_liu@163.com		
注册地址	北京市顺义区空港工业区A区		
办公地址	北京市天竺空港工业区B区裕民大街甲6号		
主营业务	土地开发、建筑工程施工、标准厂房经营和物业管理等。		
经营范围	高新技术的开发、转让和咨询；销售开发后的产品；土地开发，仓储，物业管理，经济信息咨询。		

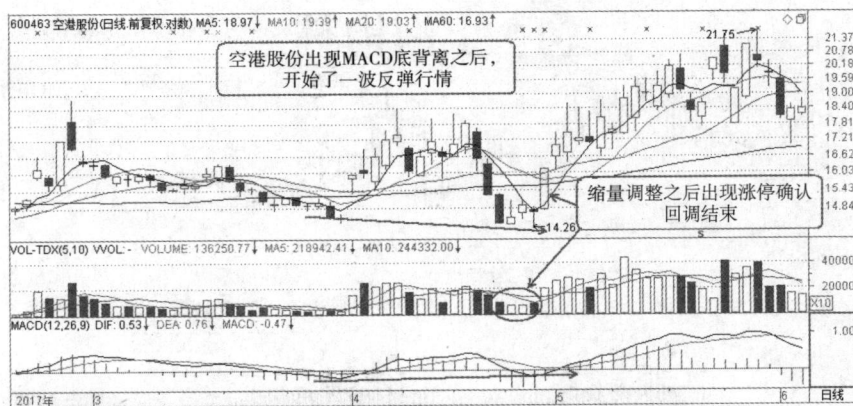

空港股份出现MACD底背离之后，开始了一波反弹行情

缩量调整之后出现涨停确认回调结束

操盘点睛

股票的博弈在于买在分歧、卖在一致，问问自己，急跌的时候敢不敢买？阶段性底部特征，通常成交量是一个直接的反应，价跌量缩说明买卖成交平淡，对股价出现了一个分歧。

空港股份在三连阴调整之后，横盘震荡了3天，MACD绿柱逐渐缩短，出现金叉，也就是日线MACD底背离形成，这种技术上的买入提示，是一种信号，需要注意后面是否可以确认。空港股份在出现日线底背离之后的第二个交易日涨停，确认了反弹行情。

心得感悟

66 上海梅林

基本资料：

公司名称	上海梅林正广和股份有限公司		
英文名称	Shanghai Maling Aquarius Co.,Ltd.		
曾用简称	G梅林,上海梅林		
证券简称	上海梅林	证券代码	600073
成立日期	1997-06-27	上市日期	1997-07-04
证券类别	A股-主板	经济性质	-
法人代表	夏旭升	总经理	王国祥
公司董秘	王雪娟	证券代表	阎磊
公司电话	86-21-22257010;86-21-222 57017	公司传真	86-21-22257015
注册资本 (万元)	93772.95	公司规模 (人)	8036
关联证券	-		
所属行业	食品制造业		
概念板块	融资融券标的		
所属指数	上证380,中证小盘500指数,上证小盘		
公司网址	www.shanghaimaling.com		
公司邮箱	ml@shanghaimaling.com;Yanl@shanghaimaling.com;yuxf@shanghaimaling.com		
注册地址	上海市浦东新区川桥路1501号		
办公地址	上海市恒丰路601号(邮电大厦)		
主营业务	主要从事肉类食品的开发、生产和销售,休闲食品的开发、生产和销售等业务。		
经营范围	资产经营,电子商务,信息采集、信息加工、信息发布、经济信息服务,销售:预包装食品(含熟食卤味、含冷冻(藏)食品),马口铁,印铁,化工原料(除危险品),食品机械及零件,国内贸易(除专项规定),自营和代理各类商品和技术的进出口,但国家限定公司经营或禁止进出口的商品及技术除外。		

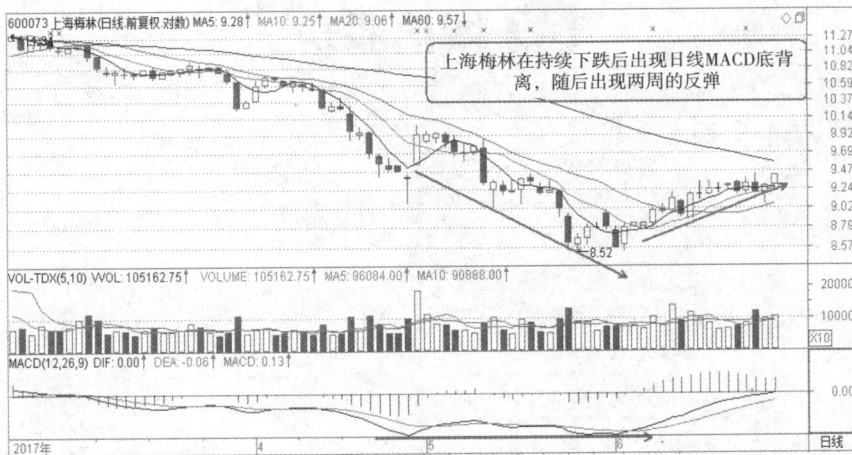

上海梅林在持续下跌后出现日线MACD底背离，随后出现两周的反弹

操盘点睛

在下跌途中抢反弹，成功率的保证尤为重要，短线需要有灵敏的判断力，结合量能分析，短线的买点往往在加速下跌后，把恐慌盘洗出去后才出现较确定性的买点。

心得感悟

67 博信股份

基本资料：

公司名称	广东博信投资控股股份有限公司		
英文名称	Guangdong Boxin Investing & Holdings Co,.Ltd		
曾用简称	*ST博信，*ST博讯，PT红光，SST博讯，ST博信，ST博讯，ST红光，红光实业		
证券简称	博信股份	证券代码	600083
成立日期	1993-05-30	上市日期	1997-06-06
证券类别	A股-主板	经济性质	-
法人代表	石志敏	总经理	黄元华
公司董秘	孙金伟	证券代表	王子刚
公司电话	86-763-3663333	公司传真	86-763-3663311
注册资本（万元）	23000.00	公司规模（人）	74
关联证券	-		
所属行业	计算机、通信和其他电子设备制造业		
概念扳块	-		
所属指数	-		
公司网址	www.600083.com		
公司邮箱	gdbx600083@163.com		
注册地址	广东省清远市新城方正二街1号		
办公地址	广东省清远市新城方正二街一号自来水大厦7楼		
主营业务	对外投资业务，国内贸易，物资供销		
经营范围	对外投资业务，国内贸易，物资供销；偏转线圈、金属漆包线、会聚磁组件等电子元器件的研究、开发、生产、销售；计算机软、硬件研究、开发、销售，信息服务与计算机系统集成、通信设备（凭许可证经营）与元器件生产、经营，经营企业自产产品及技术的出口业务；经营本企业生产所需的原辅材料、仪器仪表、机械设备、零配件及技术的进口业务（国家限定和禁止经营项目除外）、经营进料加工和三来一补业务。研究、开发、生产、销售电子产品。		

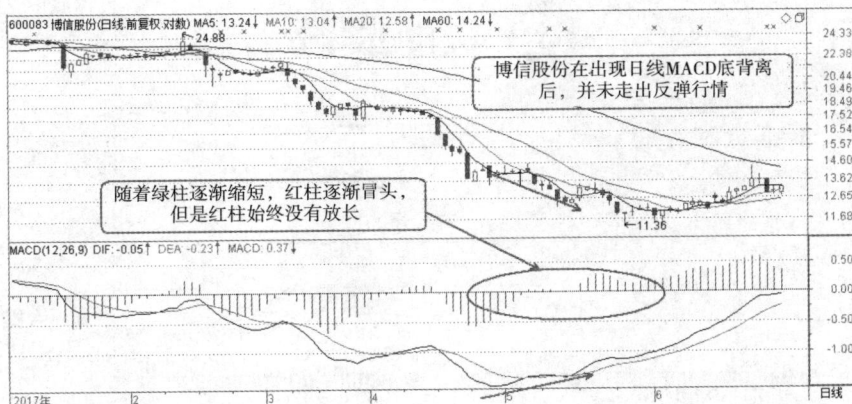

600083 博信股份(日线 前复权 对数) MA5: 13.24↓ MA10: 13.04↓ MA20: 12.58↓ MA60: 14.24↓

博信股份在出现日线MACD底背离后，并未走出反弹行情

随着绿柱逐渐缩短，红柱逐渐冒头，但是红柱始终没有放长

MACD(12,26,9) DIF: -0.05↑ DEA -0.23↑ MACD: 0.37↓

操盘点睛

技术分析只是个提示信号，实战中要灵活运用。MACD 日线底背离是一种买入点提示，做的是大概率的交易。所以操作上仍需要考虑是否有效。

博信股份在持续一段时间的调整之后，出现 MACD 日线底背离，在形成金叉时出现了买入信号。但是我们发现，博信股份的股价并没有上涨，MACD 金叉之后反而连续调整了 4 天，后面也没有走出很好的反弹行情。MACD 日线底背离也有无效的时候，不能无脑买入。

心得感悟

68 贵航股份

基本资料：

公司名称	贵州贵航汽车零部件股份有限公司		
英文名称	Guizhou Guihang Automotive Components Co.,Ltd.		
曾用简称	G贵航,贵航股份		
证券简称	贵航股份	证券代码	600523
成立日期	1999-12-29	上市日期	2001-12-27
证券类别	A股-主板	经济性质	–
法人代表	张晓军	总经理	唐海滨
公司董秘	孙冬云	证券代表	徐鸿
公司电话	86-851-83802670	公司传真	86-851-83803931
注册资本（万元）	28879.38	公司规模（人）	7510
关联证券	–		
所属行业	汽车制造业		
概念板块	融资融券标的		
所属指数	–		
公司网址	www.gzghgf.com		
公司邮箱	ghgf700523@163.com		
注册地址	贵州省贵阳市小河区清水江路1号		
办公地址	贵州省贵阳市小河区珠江路166号		
主营业务	汽车、摩托车零部件的制造、销售；汽车（不含小轿车）、摩托车及二、三类机电产品的批零兼营；橡胶、塑料制品的制造、销售		
经营范围	汽车、摩托车零部件制造及销售，出口生产的汽车、摩托车零部件，引进生产所需技术、设备、产品零部件、原辅材料。通用设备、专用设备制造和销售、生产销售橡胶、塑料制品；汽车、摩托车销售，其它机电产品的批发，零售业务及三产，自营进出口业务。主业范围：航空产品、汽车零部件。		

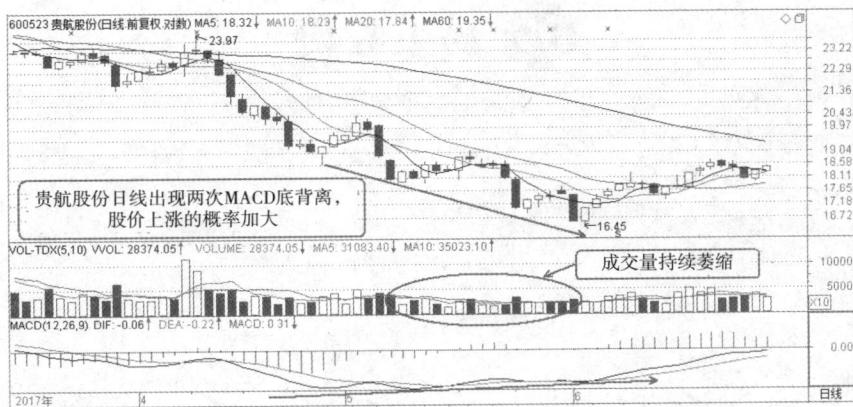

600523 贵航股份(日线 前复权 对数) MA5: 18.32↓ MA10: 18.23↓ MA20: 17.84↓ MA60: 19.35↓

贵航股份日线出现两次MACD底背离，股价上涨的概率加大

成交量持续萎缩

VOL-TDX(5,10) VVOL: 28374.05↓ VOLUME: 28374.05↓ MA5: 31083.40↓ MA10: 35023.10↓

MACD(12,26,9) DIF: -0.06↓ DEA: -0.22↓ MACD: 0.31↑

操盘点睛

MACD 日线底背离的形成，是多空双方争夺在技术上的一种反映，而形成多次底背离时，通常操作的成功率会提高，多次背离的形成，也表示了空方的疲倦，后市抛压会减少。

贵航股份在反复杀跌反抽的途中，逐渐形成了两次 MACD 日线底背离，这也说明了多空双方进行了两次争夺。在 MACD 红柱第二次金叉形成时，贵航股份走出了反弹行情，突破了 20 日线的压制，股价在 20 日线上站稳。

心得感悟

69 易见股份

基本资料：

公司名称	易见供应链管理股份有限公司		
英文名称	Easysight Supply Chain Management Co.,Ltd.		
曾用简称	*ST禾嘉，S*ST禾嘉，禾嘉股份		
证券简称	易见股份	证券代码	600093
成立日期	1997-06-23	上市日期	1997-06-26
证券类别	A股-主板	经济性质	-
法人代表	冷天晴	总经理	王跃华
公司董秘	徐蓬	证券代表	赵有华
公司电话	86-871-65739748	公司传真	86-871-65739748
注册资本（万元）	112244.75	公司规模（人）	122
关联证券	公司债-16禾嘉债(136492)，公司债-16禾嘉01(135404)		
所属行业	商务服务业		
概念板块	-		
所属指数	上证380		
公司网址	www.easy-visible.com		
公司邮箱	e-visible@easy-visible.com		
注册地址	四川省成都市高新区天府大道北段1700号6-1-1704		
办公地址	云南省昆明市西山区前卫西路688号九天大厦10楼		
主营业务	供应链管理业务、商业保理业务和汽车零部件生产销售业务。		
经营范围	（以下范围不含前置许可项目，后置许可项目凭许可证或审批文件经营）供应链管理，商品批发与零售，进出口业，社会经济咨询。（依法须经批准的项目，经相关部门批准后方可开展经营活动）。		

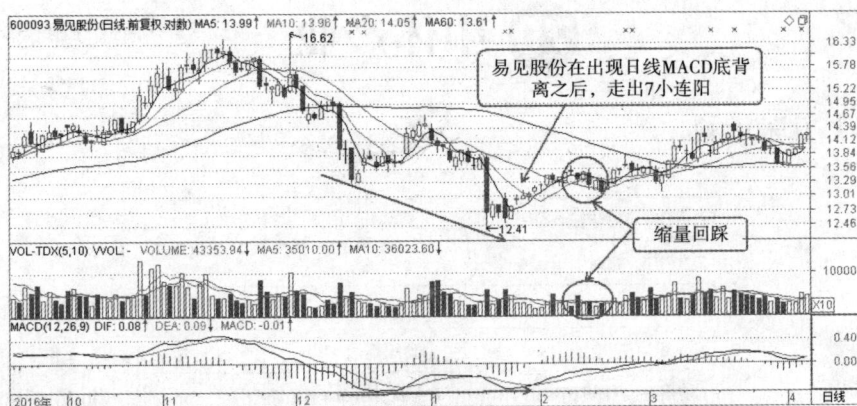

图中标注文字：

易见股份在出现日线MACD底背离之后，走出7小连阳

缩量回踩

操盘点睛

大跌固然可怕，但换个思维，大跌急跌也可能是主力的故意洗盘，是欺骗式下跌。

易见股份在出现 MACD 日线底背离之后，走出 7 小连阳的走势，这段的反弹仍处于犹豫中，量能未能放大，在 7 连阳之后，易见股份进行了缩量回踩，回踩没有破低点，确认了反弹行情的延续。之后易见股份便出现了温和放量的反弹，持续时间也较长。

心得感悟

70 中体产业

基本资料：

公司名称	中体产业集团股份有限公司
英文名称	China Sports Industry Group Co.,Ltd.
曾用简称	S中体产,中体产业

证券简称	中体产业	证券代码	600158
成立日期	1998-03-13	上市日期	1998-03-27
证券类别	A股-主板	经济性质	-
法人代表	刘军	总经理	刘军
公司董秘	许宁宁	证券代表	-
公司电话	86-10-85160816	公司传真	86-10-65515338
注册资本 (万元)	84373.54	公司规模 (人)	908

关联证券	-
所属行业	房地产业
概念板块	融资融券标的
所属指数	上证180,中证小盘500指数,上证中盘·
公司网址	www.csig158.com
公司邮箱	zuningning@csig158.com,csig@csig158.com
注册地址	天津市新技术产业园区武清开发区三号路
办公地址	北京市朝阳区朝外大街225号
主营业务	承办体育比赛.体育俱乐部的投资、经营;体育健身项目的开发、经营;体育场馆、设施的建设、开发、经营;体育主题社区的建设;体育建筑材料和器材的生产、加工、销售;体育广告和传播媒体的经营
经营范围	体育产品的生产、加工、销售.体育场馆设施的建设、开发、经营.体育商品的国内贸易与进出口贸易.大型体育赛会组织、承办.体育商业比赛的承办;运动休闲产品的开发;体育旅游服务,体育广告和传播媒体经营.职业体育俱乐部的投资经营.体育专业人才的培训.体育信息产业经营等

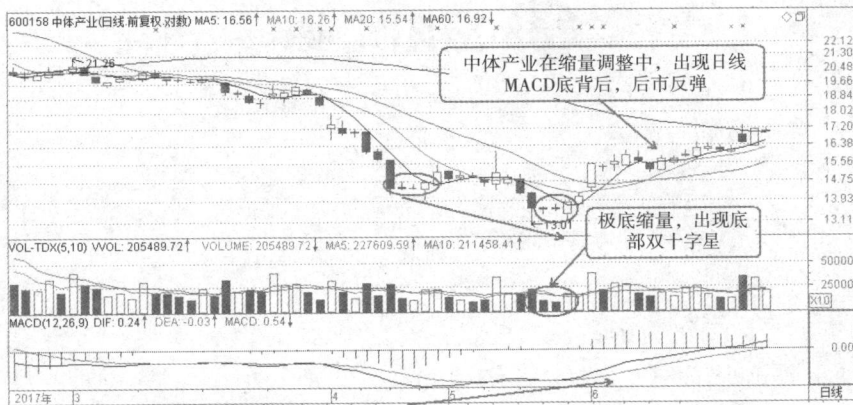

图中标注文字：
- 中体产业在缩量调整中，出现日线MACD底背后，后市反弹
- 极底缩量，出现底部双十字星

操盘点睛

中体产业在下跌中的 MACD 第一次金叉，股价是有一定的止跌，但是并没有消化抛压，震荡之后继续下跌。在形成 MACD 日线底背离时，中体产业在底部形成双十字星，股价随后展开反弹。

中体产业的反弹是资金从犹豫中进行的，在中间也形成了双十字星的形态，股价只是止跌，并未形成反弹行情。在 MACD 日线底背离形成时才走出了一段行情，MACD 日线底背离反映的便是股价与资金运作，红柱不断拉长，说明资金不断吸筹。

心得感悟

71 洛阳钼业

基本资料：

公司名称	洛阳栾川钼业集团股份有限公司		
英文名称	China Molybdenum Co.,Ltd.		
曾用简称	–		
证券简称	洛阳钼业	证券代码	603993
成立日期	1999-12-22	上市日期	2012-10-09
证券类别	A股-主板	经济性质	国有控股
法人代表	李朝春	总经理	李发本
公司董秘	岳远斌	证券代表	高飞
公司电话	86-379-68658017	公司传真	86-379-68658030
注册资本（万元）	431984.81	公司规模（人）	11566
关联证券	H股-洛阳钼业(03993)		
所属行业	有色金属矿采选业		
概念板块	融资融券标的		
所属指数	沪深300,上证中盘,上证180		
公司网址	www.chinamoly.com		
公司邮箱	cmoc03993@gmail.com		
注册地址	河南省洛阳市栾川县城东新区画眉山路伊河以北		
办公地址	河南省洛阳市栾川县城东新区画眉山路伊河以北		
主营业务	从事铜、钼、钨、钴、铌、磷等矿业的采选、冶炼、深加工等业务，拥有较为完整的一体化产业链条，是全球前五大钼生产商及最大钨生产商、全球第二大钴、铌生产商和全球领先的铜生产商，同时也是巴西境内第二大磷肥生产商。		
经营范围	矿产资源的采选、冶炼、深加工及勘探；矿产资源系列产品、化工产品（不含化学危险品、易燃易爆、易制毒品）的生产、科研、销售（包括出口）；生产所需原辅材料、机械设备、仪器仪表、零配件的进口（上述进出口项目凭资格证书经营）。		

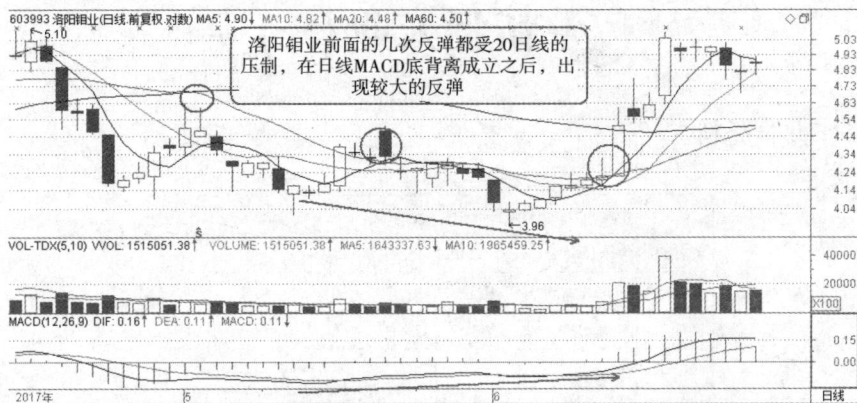

603993 洛阳钼业(日线 前复权 对数) MA5: 4.90↓ MA10: 4.82↑ MA20: 4.48↑ MA60: 4.50↓

洛阳钼业前面的几次反弹都受20日线的压制,在日线MACD底背离成立之后,出现较大的反弹

VOL-TDX(5,10) VWOL:1515051.38↑ VOLUME: 1515051.38↑ MA5: 1643337.63↓ MA10: 1965459.25↓

MACD(12,26,9) DIF: 0.16↑ DEA: 0.11↑ MACD: 0.11↓

2017年

日线

操盘点睛

均线系统说明了资金成本是多少,所以也是支撑位与压力位的反应,在做超跌反弹时要留意的是压力位是否有效,是否股价在这个时候很难上去。洛阳钼业前面的几次反弹都受 20 日线的压制,对于短线来说,在反弹到压力位附近就是个减仓点。

洛阳钼业在底部出现了 MACD 日线底背离后,走出了 8 连阳的走势,在突破 20 日线的时候走出了一根放量大阳线。在底背离确认的这根阳线,便是一个确定性的加仓点。

心得感悟

72 新疆天业(一)

基本资料：

公司名称	新疆天业股份有限公司		
英文名称	Xinjiang Tianye Co.,Ltd.		
曾用简称	*ST新业,G天业,新疆天业		
证券简称	新疆天业	证券代码	600075
成立日期	1997-06-09	上市日期	1997-06-17
证券类别	A股-主板	经济性质	国有控股
法人代表	陈林	总经理	关刚
公司董秘	李刚	证券代表	李新莲
公司电话	86-993-2623118;86-993-2623109	公司传真	86-993-2623163
注册资本(万元)	97252.24	公司规模(人)	3277
关联证券	-		
所属行业	化学原料和化学制品制造业		
概念板块	-		
所属指数	上证380		
公司网址	www.xj-tianye.com		
公司邮箱	master@xjtymail.com		
注册地址	新疆维吾尔自治区石河子市经济技术开发区北三东路36号		
办公地址	新疆维吾尔自治区石河子市经济技术开发区北三东路36号		
主营业务	氯碱化工产品和塑料制品的生产经营。		
经营范围	许可经营项目：化工产品（含腐蚀品具体范围以许可证为准）的生产与销售；汽车运输，番茄酱的生产和销售（限所属分支机构经营）。一般经营项目：塑料制品的生产和销售；机电设备（小轿车及国家专项审批规定的产品除外）、建筑材料、五金交电、钢材、棉麻产品、轻纺产品、汽车配件、畜产品、干鲜果品的销售；农业种植、畜牧养殖、农业水土开发；柠檬酸、电石及附产品的生产和销售（上述经营项目仅限所属分支机构经营）；废旧塑料回收、再加工、销售，货物及技术的进出口经营（国家限定公司经营或禁止进出口的商品和技术除外）；农副产品的加工（国家有专项审批的产品除外）。保温材料的生产、销售、安装；机械设备租赁，货物装卸、搬运服务；房屋租赁；车辆租赁服务；纸质包装袋、复合包装袋、塑料编织袋、塑料袋的生产销售。		

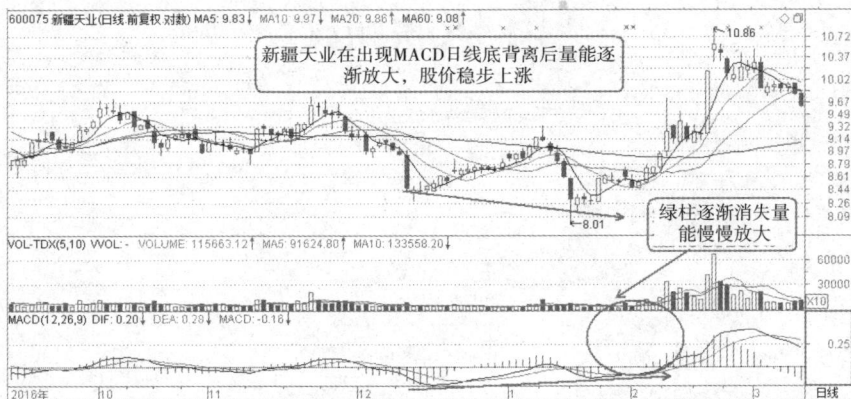

600075 新疆天业(日线 前复权 对数) MA5: 9.83↓ MA10: 9.97↓ MA20: 9.86↑ MA60: 9.08↑

新疆天业在出现MACD日线底背离后量能逐渐放大，股价稳步上涨

←8.01

绿柱逐渐消失量能慢慢放大

VOL-TDX(5,10) VVOL:- VOLUME: 115663.12↑ MA5: 91624.80↑ MA10: 133558.20↓

MACD(12,26,9) DIF: 0.20↓ DEA: 0.28↓ MACD: -0.16↓

2016年 | 10 | 11 | 12 | 2 | 3 | 日线

📈 操盘点睛

急跌的抄底也不是盲目的，在出现 MACD 日线底背离的时候便是一种买入信号，说明股价很可能是欺骗式下跌。新疆天业在 5 连阴后，股价创出了新低，但是 MACD 没有创新低，形成了日线底背离，并且出现了 3 个交易日的横盘，这个时候便是一个买入点。出现的中阳线确认了反弹的基础，随后展开了缩量回踩，回踩没有跌破阳线的底部，这个时候是一个加仓点。

📈 心得感悟

73 康欣新材

基本资料：

公司名称	康欣新材料股份有限公司		
英文名称	Kangxin New Materials Co.,Ltd.		
曾用简称	*ST华光,G*ST华光,ST华光,华光科技,青鸟华光		
证券简称	康欣新材	证券代码	600076
成立日期	1993-09-01	上市日期	1997-05-26
证券类别	A股-主板	经济性质	-
法人代表	郭志先	总经理	李洁
公司董秘	牟徽	证券代表	原晋锋
公司电话	86-27-83223386	公司传真	86-27-83081999
注册资本（万元）	103426.41	公司规模（人）	1259
关联证券	-		
所属行业	木材加工和木、竹、藤、棕、草制品业		
概念板块	-		
所属指数	-		
公司网址	www.hbkangxin.com.cn		
公司邮箱	zqbir@hbkangxin.cn		
注册地址	山东省潍坊市高新技术产业开发区北宫东街6号		
办公地址	湖北省武汉市东西湖区金银湖环湖路57号中部慧谷30栋		
主营业务	研发、制造、销售生物质材料；货物进出口业务；货物运输；种植、培育、推广各类优质林木及林木种苗；开发、建设林业深加工原料基地；研制、收购、加工、制造、销售木制品		
经营范围	种植、培育、推广各类优质林木种苗；开发、建设林业深加工原料基地；研制、收购、加工、制造、销售木制品（含竹木混合制品）；自营货物进出口经营及货物运输。		

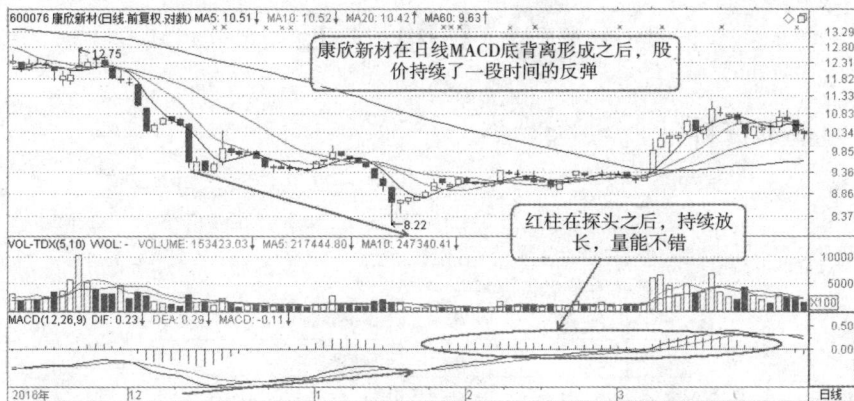

600076 康欣新材(日线 前复权 对数) MA5: 10.51↓ MA10: 10.52↑ MA20: 10.42↓ MA60: 9.63↑

康欣新材在日线MACD底背离形成之后，股价持续了一段时间的反弹

红柱在探头之后，持续放长，量能不错

VOL-TDX(5,10) VOL: - VOLUME: 153423.03↓ MA5: 217444.80↓ MA10: 247340.41↓

MACD(12,26,9) DIF: 0.23↓ DEA: 0.29↓ MACD: -0.11↓

📈 操盘点睛

　　成交量可以很直观反映出这只股票的活跃程度，一般在底部探底回升的股票，需要有成交量的配合。

　　在 MACD 日线底背离形成之后，康欣新材走出了小阴小阳震荡上涨的走势，MACD 红柱持续探出，但并没有放长，股价在这一阶段反弹的高度并不高。在放量突破 60 日线的时候股价才得以上涨到另一个台阶，这就是突破压力位后的一个加仓点。

📈 心得感悟

74 上海三毛

基本资料：

公司名称	上海三毛企业(集团)股份有限公司		
英文名称	Shanghai Sanmao Enterprise(Group) Co.,Ltd.		
曾用简称	*ST三毛,G三毛,上海三毛		
证券简称	上海三毛	证券代码	600689
成立日期	1993-09-28	上市日期	1993-11-08
证券类别	A股-主板	经济性质	-
法人代表	邹宁	总经理	刘杰
公司董秘	邹宁(代)	证券代表	吴晓莹
公司电话	86-21-63059496	公司传真	86-21-63018850
注册资本(万元)	20099.13	公司规模(人)	927
关联证券	B股-三毛B股(900922)		
所属行业	纺织业		
概念板块	-		
所属指数	-		
公司网址	www.600689.com		
公司邮箱	sanmaogroup@600689.com;zoun@600689.com;wuxy@600689.com		
注册地址	上海市浦东大道1476号、1482号1401-1415室		
办公地址	上海市黄浦区斜土路791号C幢		
主营业务	生产销售精纺呢绒及相关产品。		
经营范围	在国家允许投资的领域依法进行投资：公司自有房产的对外租赁、物业管理；生产毛条、毛纱、、纺织品及服装，销售自产产品及相关业务的技术咨询，软件、网站设计与开发、网页制作，系统集成、企业信息化的技术管理服务；矿产品(含铁矿石)、金属材料(贵金属除外)、钢材的批发。预包装食品(不含熟食卤味、冷冻冷藏)、乳制品(含婴幼儿配方乳粉)(食品限批发非实物方式)、食用农产品(粮食、生猪、牛、羊等家畜产品除外)、通信设备及其相关产品、计算机软硬件(音像制品、电子出版物除外)、日用百货、工艺品(文物除外)、五金交电、建材(水泥除外)、装潢材料、汽车配件、化妆品、文化用品、钟表眼镜(隐形眼镜除外)、照相器材、珠宝首饰(毛钻、裸钻除外)、一类医疗器械的批发、网上零售、进出口、佣金代理(拍卖除外)以及售后服务；通信设备(专控除外)的维修；仓储(食品、危险品除外)，票务代理(航空票务代理除外)。(不涉及国营贸易管理商品，涉及配额、许可证管理商品的，按国家有关规定办理申请；涉及行政许可的凭许可证经营。)		

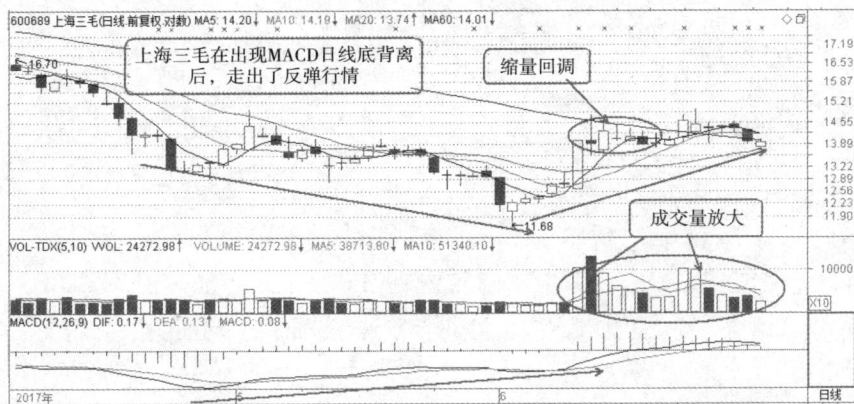

上海三毛在出现MACD日线底背离后，走出了反弹行情

缩量回调

成交量放大

⑂ 操盘点睛

超跌反弹应关注量能的大小，活跃的人气才能助推股价上一个阶梯。

上海三毛在形成日线 MACD 底背离后，走出了反弹行情，前面是缩量调整，在底背离之后成交量放大，底部堆量是个较好的信号，在放量之后股价也上涨突破了 20 日线，后续震荡上涨。

⑂ 心得感悟

----

75 瑞茂通

基本资料：

公司名称	瑞茂通供应链管理股份有限公司		
英文名称	CCS Supply Chain Management Co.,Ltd.		
曾用简称	*ST九发,G九发,ST九发,九发股份		
证券简称	瑞茂通	证券代码	600180
成立日期	1998-06-25	上市日期	1998-07-03
证券类别	A股-主板	经济性质	–
法人代表	燕刚	总经理	李群立
公司董秘	张菊芳	证券代表	张靖哲
公司电话	86-10-56735855	公司传真	86-10-59715880
注册资本 （万元）	101647.75	公司规模 （人）	341
关联证券	公司债-16瑞茂01(136250),公司债-16瑞茂通(135352),公司债-16瑞茂02(136468),公司债-16瑞通02(145087),公司债-16瑞通01(145019),公司债-17瑞茂01(145743)		
所属行业	批发业		
概念板块	–		
所属指数	上证380,上证小盘		
公司网址	www.ccsoln.com		
公司邮箱	ir@ccsoln.com		
注册地址	山东省烟台市牟平区养马岛驼峰路84号		
办公地址	北京市西城区宣武门外大街10号庄胜广场中央办公区北翼13层		
主营业务	大宗商品批发经营、供应链管理；资产管理；煤炭信息咨询		
经营范围	资产管理		

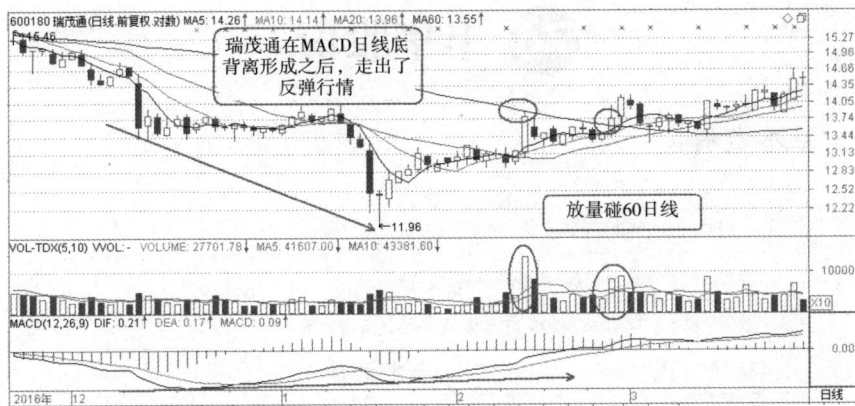

操盘点睛

急跌的筹码，显示的是投资者的恐慌性抛盘，散户抛出带血的筹码，往往便是阶段性的机会，超跌反弹很快会产生。瑞茂通在四连阴后，出现了恐慌盘，第五个交易日出现了底部十字星，股价被强拉回去，后市走出了超跌反弹的行情。

心得感悟

....

....

....

....

76 丰华股份

基本资料：

公司名称	上海丰华(集团)股份有限公司		
英文名称	Shanghai Fenghwa Group Co.,Ltd.		
曾用简称	*ST丰华, SST丰华, ST丰华, 丰华股份, 丰华圆珠		
证券简称	丰华股份	证券代码	600615
成立日期	1992-06-06	上市日期	1992-09-10
证券类别	A股-主板	经济性质	—
法人代表	涂建敏	总经理	涂建敏
公司董秘	曹际东	证券代表	张国丰
公司电话	86-21-50903399;86-21-58702762	公司传真	86-21-58702762
注册资本(万元)	18802.05	公司规模(人)	193
关联证券	—		
所属行业	金属制品业		
概念板块	—		
所属指数	—		
公司网址	www.fenghwa.sh.cn		
公司邮箱	Fenghwa600615@163.com;Caojid2008@sina.com		
注册地址	上海市浦东新区浦建路76号由由国际广场901室		
办公地址	上海市浦东新区浦建路76号由由国际广场901室		
主营业务	房地产开发。		
经营范围	房地产开发；商品房销售；房屋租赁、物业管理、酒店管理；对外投资等。		

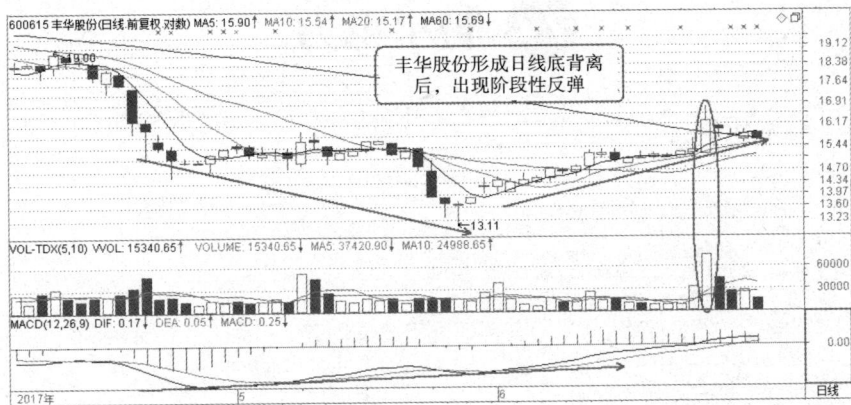

600615丰华股份(日线 前复权 对数) MA5: 15.90↑ MA10: 15.54↑ MA20: 15.17↓ MA60: 15.69↑

丰华股份形成日线底背离后，出现阶段性反弹

操盘点睛

跌的时候不要恐慌，涨的时候需要有耐心才吃得到更多利润。

丰华股份在出现日线 MACD 底背离后，走出了震荡反弹行情，后面在 60 日线才遇到压力，前面都走得较为流畅，所以我们在做超跌反弹时，要结合好均线系统和 MACD，看压力位做反弹行情。

心得感悟

⑦ 明星电力

基本资料：

公司名称	四川明星电力股份有限公司		
英文名称	Sichuan Mingxing Electric Power Co.,Ltd.		
曾用简称	*ST明星,S明星电,明星电力		
证券简称	明星电力	证券代码	600101
成立日期	1988-12-24	上市日期	1997-06-27
证券类别	A股-主板	经济性质	–
法人代表	秦怀平	总经理	向道泉
公司董秘	唐敏	证券代表	张春燕
公司电话	86-825-2210081	公司传真	86-825-2210089
注册资本 (万元)	32417.90	公司规模 (人)	1956
关联证券	–		
所属行业	电力、热力生产和供应业		
概念板块	–		
所属指数	上证380		
公司网址	www.mxdl.com.cn		
公司邮箱	mxdl600101@163.com;zhanger02@126.com		
注册地址	四川省遂宁市开发区明月路88号		
办公地址	四川省遂宁市开发区明月路88号		
主营业务	水力发电、电力销售和自来水生产、销售。		
经营范围	电力生产、开发、供销,水电工程建设,电力设备安装,电器设备、材料的生产、销售,房地产开发等。自来水生产、销售;宾馆服务;天然气供应,煤炭及制品的销售,浅层油气资源开发,天然气工程的设计、安装,燃气用具的维修、销售;生物制药,化工。光电产品的研制、生产、销售,对高科技项目的投资、开发及相关的产品销售、技术服务,信息咨询服务等。		

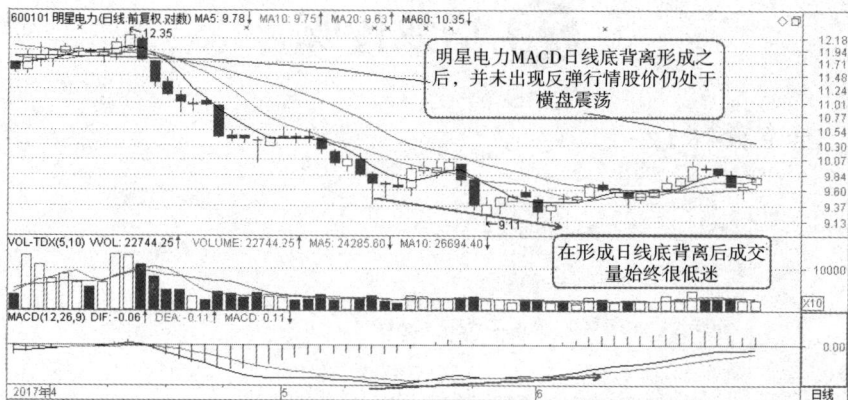

图中文字：
明星电力MACD日线背离形成之后，并未出现反弹行情股价仍处于横盘震荡

在形成日线底背离后成交量始终很低迷

操盘点睛

下跌趋势中的股票，往往趋势难以逆反，所以在做反弹的时候需要谨慎。而对于市场资金不活跃的个股，更应该回避这种抢反弹。在反弹中，这类个股存在的上涨空间不大，容易错过市场行情。

明星电力在形成 MACD 日线顶背离后，并没有走出很好的反弹行情，这点也是需要我们反思的。

心得感悟

78 华数传媒

基本资料：

公司名称	华数传媒控股股份有限公司		
英文名称	Wasu Media Holding Co.,Ltd.		
曾用简称	*ST嘉瑞,S*ST嘉瑞,安塑股份,嘉瑞新材		
证券简称	华数传媒	证券代码	000156
成立日期	1994-06-30	上市日期	2000-09-06
证券类别	A股-主板	经济性质	–
法人代表	王健儿	总经理	–
公司董秘	王颖铁	证券代表	洪方磊
公司电话	86-571-28327789	公司传真	86-571-28327791
注册资本（万元）	143335.19	公司规模（人）	4952
关联证券	–		
所属行业	广播、电视、电影和影视录音制作业		
概念板块	融资融券标的		
所属指数	沪深300,深证成指,深证300价格指数		
公司网址	www.wasu.com		
公司邮箱	000156@wasu.com		
注册地址	浙江省杭州市滨江区江南大道3850号创新大厦15楼1505室		
办公地址	浙江省杭州市滨江区长江路79号华数白马湖数字电视产业园B座9楼		
主营业务	杭州地区有线电视网络、宽带网络业务及全国范围内新媒体业务。		
经营范围	有线电视、数字电视网络及产业投资,数字通信产业投资,互联网及电视传媒信息服务产业投资。		

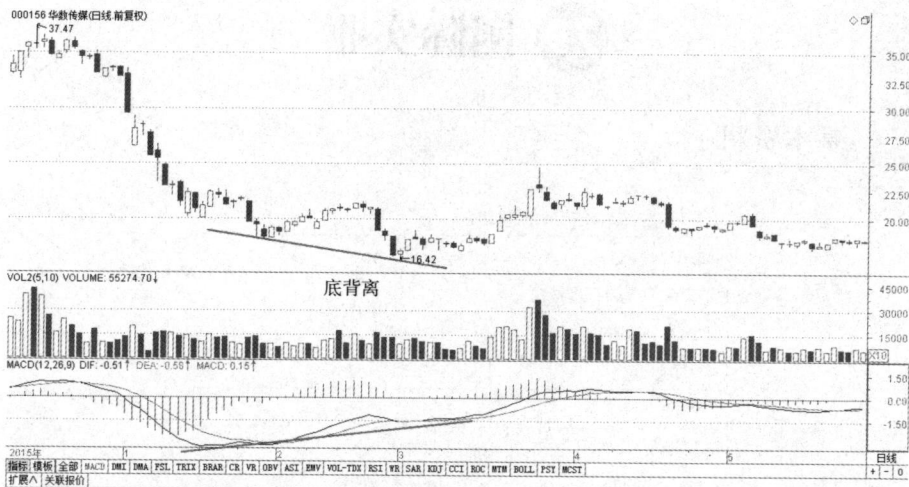

000156 华数传媒(日线 前复权)　37.47

VOL2(5,10) VOLUME: 55274.70↓　　底背离

MACD(12,26,9) DIF: -0.51↓ DEA: -0.56↓ MACD: 0.15↑

操盘点睛

　　这是一个标准的底背离形态，形成背离之前，股价持续快速杀跌，这种短期深跌后容易发生超跌反弹。此时，出现底背离信号，可以放胆买入，只是仓位上还是要控制好，不宜过重，因为毕竟是反弹行情，远没有达到反转的时候。

心得感悟

79 国际实业

基本资料：

公司名称	新疆国际实业股份有限公司		
英文名称	Xinjiang International Industry Co.,Ltd.		
曾用简称	G新国际,国际实业		
证券简称	国际实业	证券代码	000159
成立日期	1999-03-28	上市日期	2000-09-26
证券类别	A股-主板	经济性质	民营企业
法人代表	丁治平	总经理	马永春
公司董秘	李润起	证券代表	顾君珍
公司电话	86-991-5854232	公司传真	86-991-2861579
注册资本(万元)	48113.93	公司规模(人)	529
关联证券	-		
所属行业	批发业		
概念板块	-		
所属指数	-		
公司网址	www.xjgjsy.com		
公司邮箱	zqb@xjgjsy.com		
注册地址	新疆维吾尔自治区乌鲁木齐市高新技术产业开发区北京南路358号大成国际9楼		
办公地址	新疆维吾尔自治区乌鲁木齐市北京南路358号大成国际大厦9楼		
主营业务	焦炭、煤炭及深加工产品的生产与销售；麻黄素制品及其衍生产品的研制、开发、生产加工和销售；进出口贸易和房地产开发营销、物业管理。		
经营范围	许可经营项目。经营进出口业务（具体事项以外经贸部的批复为准）；燃料油进口经营、焦炭出口；燃料油、重油、氧化剂和有机过氧化物的销售；焦炭、煤化工产品、煤制品的生产及销售（国家有专项审批规定的产品除外）；煤炭出口业务，边贸成品油出口业务；石脑油（溶剂油）、石油气（液化的）的批发，麻黄素及麻黄素类产品的出口。一般经营项目：股权投资；机电设备、化工产品（汽车及国家有专项规定的产品除外）、石油化工产品、轻工产品、建筑材料、金属材料、现代办公用品、畜产品、农副产品（粮食收储、批发）、针、棉纺织品的销售；番茄种植、加工及番茄制品的销售；房地产开发、销售、租赁；棉花销售；经营边境小额贸易业务。		

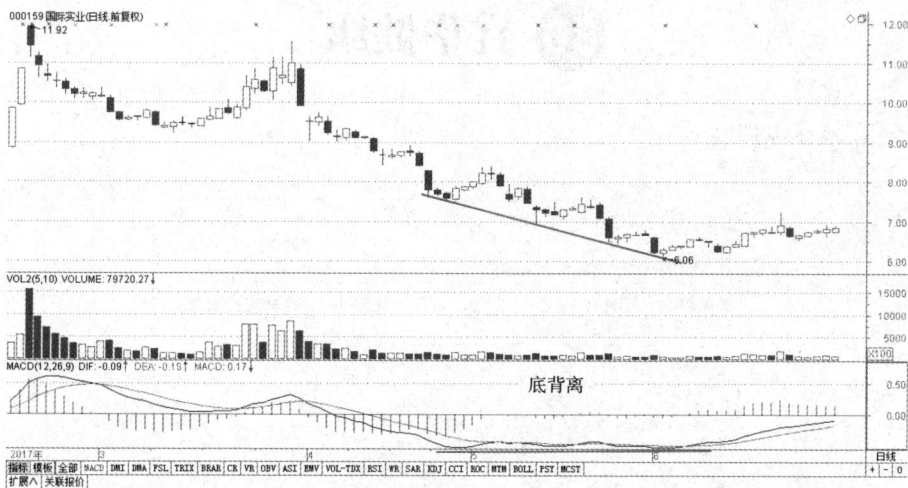

📈 操盘点睛

像这种缓慢持续下跌的股票，究其原因大概率是该股基本面出现一定的问题，被主力资金遗弃，因此才会造成这种既无承接盘亦无大单砸盘的缓慢下跌现象。这种情况出现的底背离，不要期待反弹高度有多高，因为它的股性就是弱，不易形成强烈的反弹。

📈 心得感悟

80 宜华健康

基本资料：

公司名称	宜华健康医疗股份有限公司		
英文名称	Yihua Healthcare Co.,Ltd.		
曾用简称	*ST光电,*ST宜地,S*ST光电,S*ST宜地,ST麦科特,S光电,光电股份,麦科特,宜华地产		
证券简称	宜华健康	证券代码	000150
成立日期	1993-02-19	上市日期	2000-08-07
证券类别	A股-主板	经济性质	-
法人代表	陈奕民	总经理	刘壮青
公司董秘	邱海涛	证券代表	刘晓
公司电话	86-754-85899788	公司传真	86-754-85890788
注册资本（万元）	44780.49	公司规模（人）	12100
关联证券	-		
所属行业	卫生		
概念板块	-		
所属指数	-		
公司网址	www.yihuarealestate.com		
公司邮箱	securities.yre@yihua.com		
注册地址	广东省汕头市澄海区文冠路北侧		
办公地址	广东省汕头市澄海区文冠路口右侧宜都花园		
主营业务	医疗行业的技术开发和管理服务以及医疗器材经营、房地产开发与经营、销售、租赁、投资项目管理与经营		
经营范围	医院后勤管理服务，医疗行业计算机软件的技术开发，养老产业项目投资、策划、服务；绿色有机食品产业项目投资、开发；节能环保产业项目投资、开发，高新技术产业项目投资、开发；医疗器械经营；房地产开发与经营、销售、租赁；房屋工程设计、楼宇维修和拆迁；道路与土方工程施工；冷气工程及管道安装；对外投资；项目投资；资本经营管理和咨询。（依法须经批准的项目，经相关部门批准后方可开展经营活动。）		

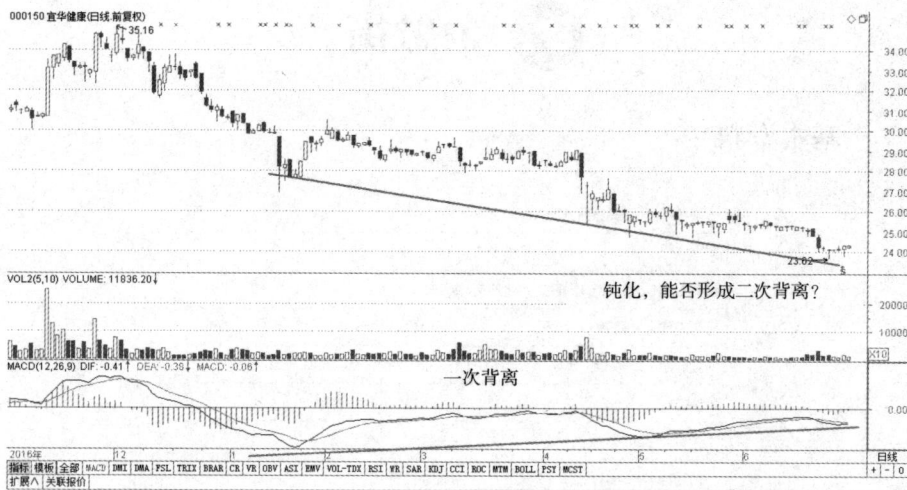

000150 宜华健康(日线 前复权)

钝化，能否形成二次背离？

一次背离

操盘点睛

有时候，在初次形成底背离买进，结果无非就三种：上涨、下跌和横盘。像宜华健康，如果在初次形成背离时买入，结果是吃亏的。但是，股市没有什么东西是百分百确定的，讲究的是纪律，做错了就止损，如此而已。

心得感悟

81 金融街

基本资料：

公司名称	金融街控股股份有限公司		
英文名称	Financial Street Holdings Co.,Ltd.		
曾用简称	G金融街,华亚纸业,金融街,重庆华亚		
证券简称	金融街	证券代码	000402
成立日期	1996-06-18	上市日期	1996-06-26
证券类别	A股-主板	经济性质	国有控股
法人代表	高靓	总经理	吕洪斌
公司董秘	张晓鹏	证券代表	范文
公司电话	86-10-66573955,86-10-665 73088	公司传真	86-10-66573956
注册资本 (万元)	298892.99	公司规模 (人)	3430
关联证券	公司债-15金街03(112277),公司债-15金街01(112273),公司债-15金街02(112274),公司债-16金控01(118541),公司债-16金控03(118685),公司债-16金控02(118611),公司债-16金控04(118739),公司债-16金街01(112455),公司债-16金街02(112456),公司债-15金街02(112274),公司债-15金街03(112277),公司债-15金街01(112273),公司债-16金街01(112455),公司债-16金街02(112456)		
所属行业	房地产业		
概念板块	融资融券标的		
所属指数	沪深300,深证成指,深证300价格指数,深证100收益指数		
公司网址	www.jrjkg.com.cn		
公司邮箱	investors@jrjkg.com		
注册地址	北京市西城区金城坊街7号		
办公地址	北京市西城区金城坊街7号		
主营业务	金融街区域的总体规划、土地开发、房地产项目开发和综合管理。		
经营范围	房地产开发，销售商品房；物业管理；新技术及产品项目投资；技术开发；技术服务，技术咨询；停车服务；出租办公用房、商业用房；健身服务；劳务服务；打字；复印；会议服务；技术培训；承办展览展示；饭店管理；餐饮管理；企业形象策划；组织文化交流活动；销售百货、工艺美术品、建筑材料、机械电气设备安装；货物出口、技术进出口、代理进出口；以下项目仅限分公司经营，住宿、游泳池、网球场、中西餐、冷、热饮、糕点、美容美发、洗浴、零售烟卷、图书期刊。		

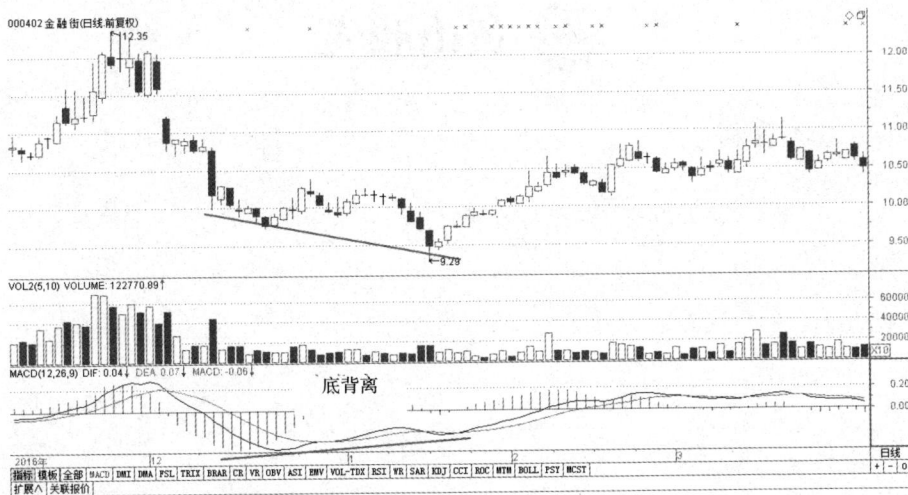

000402 金融街(日线 前复权)

操盘点睛

　　形成背离的两个脚之间，量能已经极度缩量了，说明抛压已经完全释放。此时介入安全系数是很高的。

心得感悟

----

82 黄山胶囊

基本资料：

公司名称	安徽黄山胶囊股份有限公司		
英文名称	Anhui Huangshan Capsule Co.,Ltd.		
曾用简称	–		
证券简称	黄山胶囊	证券代码	002817
成立日期	1996-08-12	上市日期	2016-10-25
证券类别	A股-中小板	经济性质	–
法人代表	余春明	总经理	余超彪
公司董秘	项先理	证券代表	–
公司电话	86-563-8630512	公司传真	86-563-8630512
注册资本（万元）	8667.00	公司规模（人）	650
关联证券	–		
所属行业	医药制造业		
概念板块	–		
所属指数	中小企业板		
公司网址	www.hsjn.com		
公司邮箱	xxl@hsjn.com		
注册地址	安徽省宣城市旌德县白地洪川		
办公地址	安徽省宣城市旌德县白地洪川		
主营业务	从事药用空心胶囊的研发、生产和销售。		
经营范围	药用空心胶囊制造、销售，企业自产药用空心胶囊出口、企业生产、科研所需的原辅材料机械设备、仪器仪表及零配件进口（依法须经批准的项目，经相关部门批准后方可开展经营活动）		

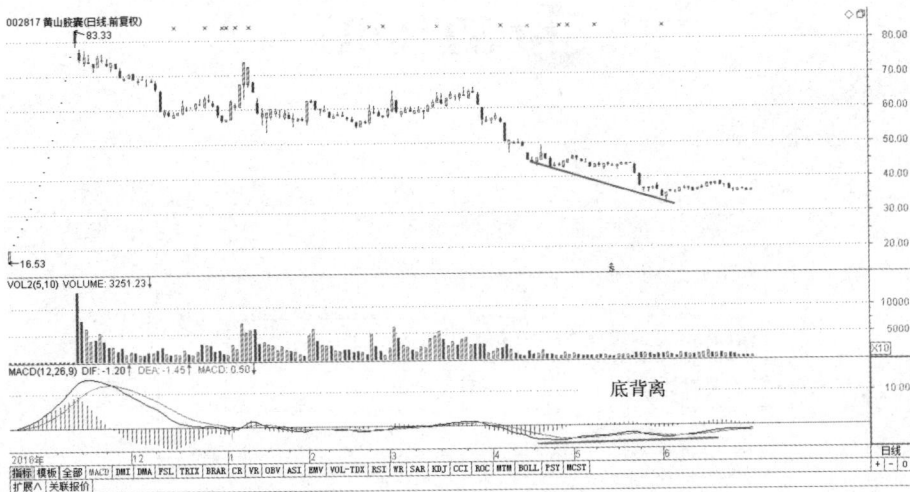

底背离

操盘点睛

　　虽然形成底背离，但是像黄山胶囊这种弃庄股，不值得买入。而且结合当时实际情况，监管层对庄股严格打压，也确实难以吸引资金跟风买入。

心得感悟

83 ST佳电

基本资料：

公司名称	哈尔滨电气集团佳木斯电机股份有限公司		
英文名称	Harbin Electric Corporation Jiamusi Electric Machine Co.,Ltd.		
曾用简称	*ST阿继,ST阿继,ST佳电,S阿继,阿继电器,佳电股份		
证券简称	*ST佳电	证券代码	000922
成立日期	1993-08-28	上市日期	1999-06-18
证券类别	A股-主板	经济性质	–
法人代表	刘清勇	总经理	刘清勇
公司董秘	王红霞	证券代表	刘义君
公司电话	86-454-8848800	公司传真	86-454-8467700
注册资本（万元）	54366.73	公司规模（人）	2148
关联证券	–		
所属行业	电气机械和器材制造业		
概念板块	–		
所属指数	–		
公司网址	www.jemlc.com		
公司邮箱	hdjtjdgf000922@163.com		
注册地址	黑龙江省佳木斯市长安东路247号		
办公地址	黑龙江省佳木斯市前进区光复路766号		
主营业务	电机的生产和销售，提供安装、维修劳务。		
经营范围	电机、屏蔽电泵、局部扇风机制造与维修；电机、防爆电气技术开发、技术服务、股权投资。自营进出口业务（按外经贸部门批准的经营范围和商品目录经营）。		

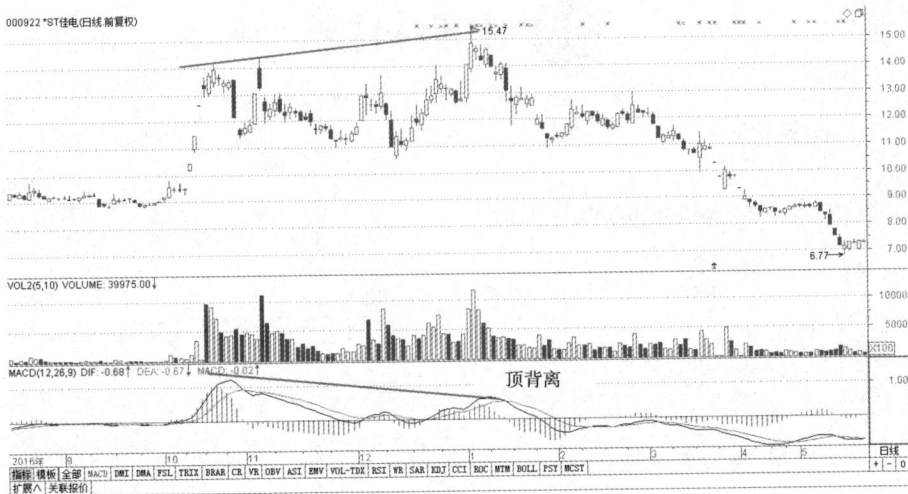

操盘点睛

　　大幅上涨之后出现的顶背离,值得你警惕!操盘上至少要减仓,因为他调整或者反转的概率相当大。另外,从成交量看,两个顶部都是爆量,这是出货的特征之一。

心得感悟

84 中船科技

基本资料：

公司名称	中船科技股份有限公司		
英文名称	CSSC Science and Technology Co.,Ltd.		
曾用简称	*ST钢构,G江南,钢构工程,江南重工,中船股份		
证券简称	中船科技	证券代码	600072
成立日期	1997-05-28	上市日期	1997-06-03
证券类别	A股-主板	经济性质	-
法人代表	周辉	总经理	周辉
公司董秘	陈慧	证券代表	黄来和
公司电话	86-21-63022385	公司传真	86-21-63141103
注册资本(万元)	73624.99	公司规模(人)	1775
关联证券	-		
所属行业	土木工程建筑业		
概念板块	-		
所属指数	-		
公司网址	www.jnhi.com		
公司邮箱	mail@jnhi.com		
注册地址	上海市上川路361号		
办公地址	上海市鲁班路600号江南造船大厦13楼		
主营业务	大型钢结构产品，包括桥梁、机场航站楼、体育场馆及会展中心等；成套工程机械产品，包括码头装卸机、40.5T 集装箱桥吊、1200T/H 卸船机、600T、800T 和900T 龙门吊等；船舶配套产品的生产和销售		
经营范围	建筑、桥梁等大型钢结构；石化、冶金、海洋工程、港口机械等大型成套装备、(含起重机械)、各类机电设备；压力容器；LPG液罐；中小型船舶的设计、制造、加工、安装、维修；咨询服务；国内贸易(除专项规定)。经营本企业自产的钢结构及制品、大型成套设备、压力容器、船舶及配件和相关技术的出口业务；生产、科研所需的原辅材料、机械设备、仪器仪表、零配件及相关技术的进口业务；来料加工和"三来一补"业务。承包与其实力、规模、业绩相适应的外国工程项目；对外派遣实施上述境外工程所需的劳务人员。		

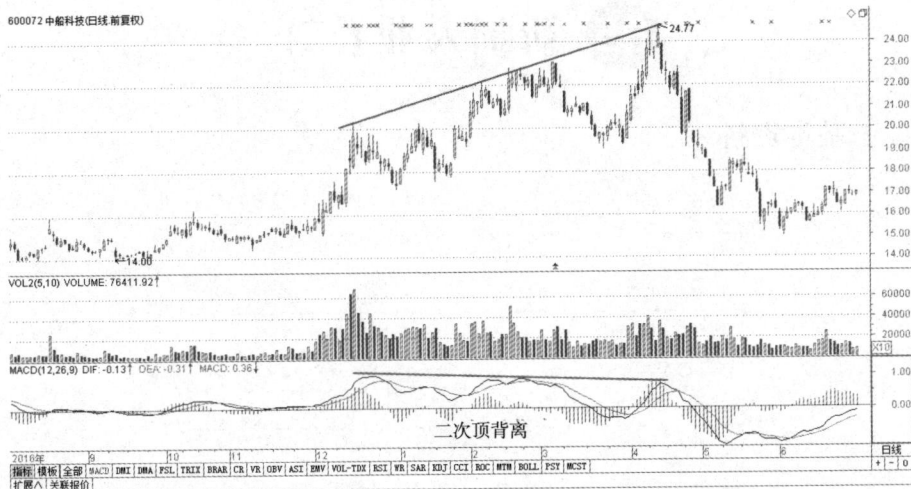

600072 中船科技(日线 前复权)

VOL2(5,10) VOLUME: 76411.92↑

MACD(12,26,9) DIF: -0.13↑ OEA: -0.31↑ MACD: 0.36↓

二次顶背离

2016年   9   10   11   12   4   5   6   日线

指标 模板 全部 MACD DMI DMA FSL TRIX BRAR CR VR OBV ASI EMV VOL-TDX RSI WR SAR KDJ CCI ROC MTM BOLL PSY WCST
扩展︿ 关联报价

📈 操盘点睛

　　有二次底背离，就有二次顶背离。中船科技出现二次顶背离，本是值得重视的问题，加之量价背离，阶段顶部形态概率是相当大的了。我们利用背离做交易，它并不是万能的，尽量寻找多个信号共振，这样准确率会更高。

📈 心得感悟

_____

_____

_____

85 新疆天业(二)

基本资料：

公司名称	新疆天业股份有限公司		
英文名称	Xinjiang Tianye Co.,Ltd.		
曾用简称	*ST新业,G天业,新疆天业		
证券简称	新疆天业	证券代码	600075
成立日期	1997-06-09	上市日期	1997-06-17
证券类别	A股-主板	经济性质	国有控股
法人代表	陈林	总经理	关刚
公司董秘	李刚	证券代表	李新莲
公司电话	86-993-2623118;86-993-2623109	公司传真	86-993-2623163
注册资本(万元)	97252.24	公司规模(人)	3277
关联证券	-		
所属行业	化学原料和化学制品制造业		
概念板块	-		
所属指数	上证380		
公司网址	www.xj-tianye.com		
公司邮箱	master@xjtymail.com		
注册地址	新疆维吾尔自治区石河子市经济技术开发区北三东路36号		
办公地址	新疆维吾尔自治区石河子市经济技术开发区北三东路36号		
主营业务	氯碱化工产品和塑料制品的生产经营。		
经营范围	许可经营项目：化工产品（含腐蚀品具体范围以许可证为准）的生产与销售；汽车运输，番茄酱的生产和销售（限所属分支机构经营）。一般经营项目：塑料制品的生产和销售；机电设备（小轿车及国家专项审批规定的产品除外）、建筑材料、五金交电、钢材、棉麻产品、轻纺产品、汽车配件、畜产品、干鲜果品的销售；农业种植、畜牧养殖、农业水土开发；柠檬酸、电石及附产品的生产和销售（上述经营项目仅限所属分支机构经营）；废旧塑料回收、再加工、销售，货物及技术的进出口经营（国家限定公司经营或禁止进出口的商品和技术除外）；农副产品的加工（国家有专项审批的产品除外）。保温材料的生产、销售、安装；机械设备租赁，货物装卸、搬运服务；房屋租赁；车辆租赁服务；纸质包装袋、复合包装袋、塑料编织袋、塑料袋的生产销售。		

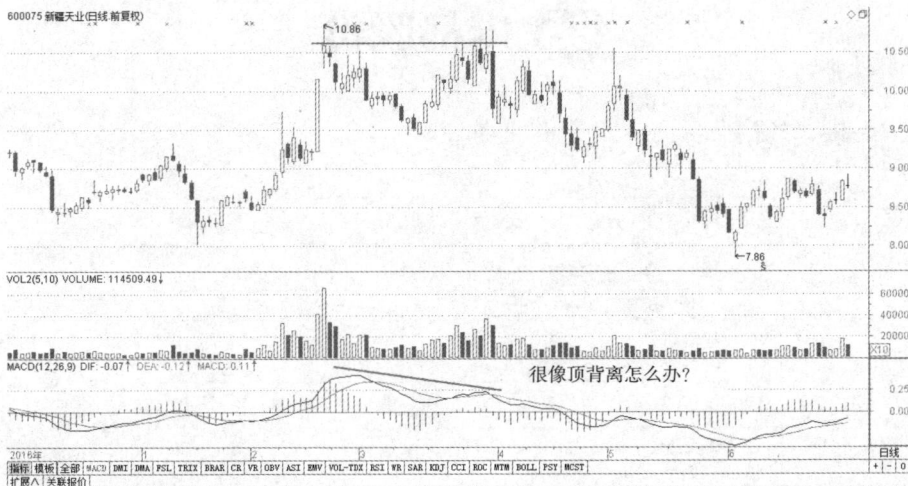

操盘点睛

如果以最高价为准，新疆天业并没有创出新高，这并不是顶背离；如果以收盘价为准，已经创出新高，那算不算顶背离呢？这个并没有规定要以最高价还是收盘价为标准，只要适合你自己就可以了，当然，你不能同时选取最高价和收盘价。

心得感悟

86 宋都股份

基本资料：

公司名称	宋都基业投资股份有限公司		
英文名称	Sundy Land Investment Co.,Ltd.		
曾用简称	*ST百科, *ST国能, ST百科, S辽国能, 百科集团, 国能集团, 精工集团		
证券简称	宋都股份	证券代码	600077
成立日期	1993-12-28	上市日期	1997-05-20
证券类别	A股-主板	经济性质	-
法人代表	俞建午	总经理	俞建午
公司董秘	郑義亮	证券代表	王嘉婧
公司电话	86-571-86759621	公司传真	86-571-86056788
注册资本（万元）	134012.23	公司规模（人）	378
关联证券	-		
所属行业	房地产业		
概念板块	融资融券标的		
所属指数	上证380		
公司网址	www.songdu.com		
公司邮箱	600077@songdu.com;		
注册地址	浙江省杭州市富春路789号宋都大厦506室		
办公地址	浙江省杭州市富春路789号宋都大厦五楼		
主营业务	房地产开发与经营。		
经营范围	产业投资、企业管理咨询及服务；电子、通讯、半导体材料技术研发，钢材、矿石、焦炭、生铁、铁合金、有色金属销售；机械设备销售及售后服务。自营和代理各类商品和技术的进出口业务（国家法律法规限制或禁止的除外）。		

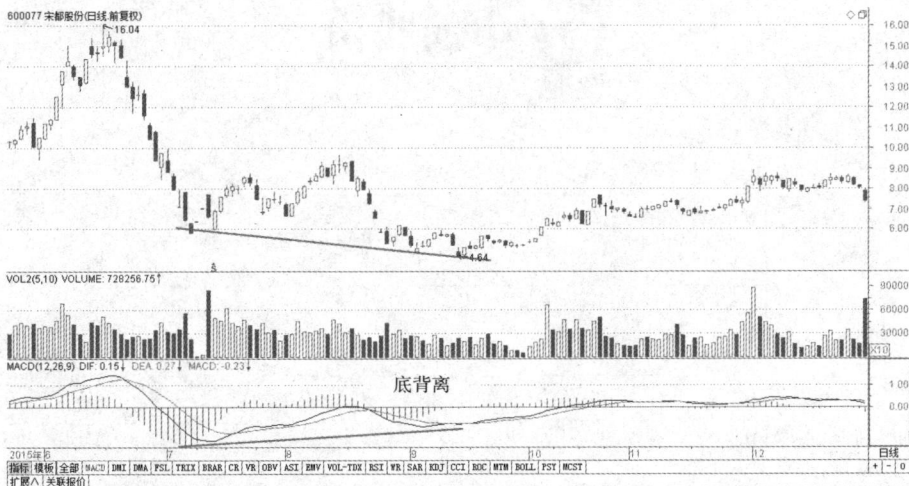

操盘点睛

　　该股在形成底背离的过程中，出现多次大阳线甚至涨停板，说明抄底资金活跃，往往预示后面有较大波幅的行情。

心得感悟

87 中葡股份

基本资料：

公司名称	中信国安葡萄酒业股份有限公司
英文名称	Citic Guoan Wine Co.,Ltd.
曾用简称	*ST新天,*ST中葡,G新天,ST新天,ST中葡,新天国际

证券简称	中葡股份	证券代码	600084
成立日期	1997-07-07	上市日期	1997-07-11
证券类别	A股-主板	经济性质	–
法人代表	赵欣	总经理	苏斌
公司董秘	侯伟	证券代表	周建林
公司电话	86-991-8881238	公司传真	86-991-8882439
注册资本 （万元）	112372.68	公司规模 （人）	679

关联证券	–
所属行业	酒、饮料和精制茶制造业
概念板块	–
所属指数	上证小盘
公司网址	www.guoanwine.com
公司邮箱	zpjy600084@163.com;houwei@citicguoanwine.com;zhoujianlin@citicguoanwine.com
注册地址	新疆维吾尔自治区乌鲁木齐市红山路39号
办公地址	新疆维吾尔自治区乌鲁木齐市红山路39号
主营业务	农业综合开发、葡萄酒生产销售等
经营范围	许可经营项目：葡萄酒的生产（限生产企业）；一般经营项目：葡萄酒的销售；葡萄种植；农业开发；货物及技术的进出口经营；五金交电产品，化工原料，机电产品，仪表产品，日用百货，办公用品，工艺美术品，农畜产品的销售；农业种植；家畜养殖；房屋租赁。

操盘点睛

　　股价从底部 5.5 元涨到 13.83 元，涨幅为 151.5%，如此巨大的涨幅，就算没有出现顶背离，你也应该警惕，何况已经出现很标准的顶背离了呢。

心得感悟

⑧⑧ 上证指数二次背离

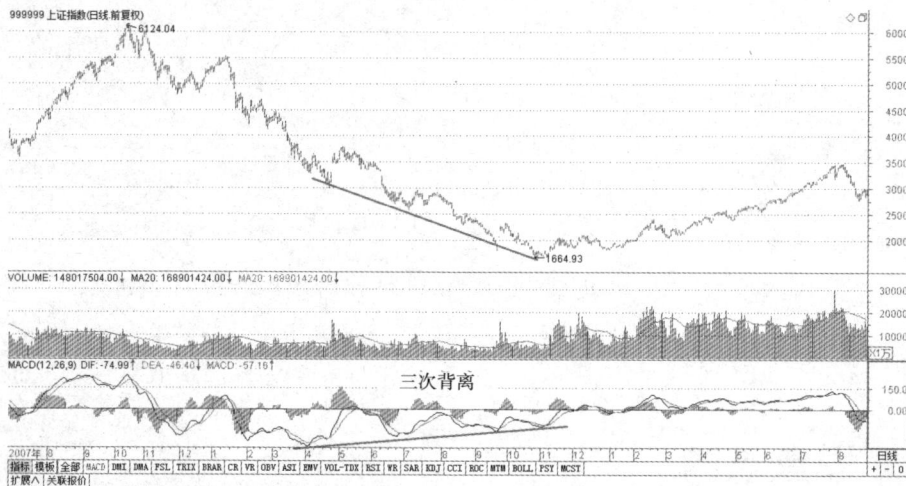

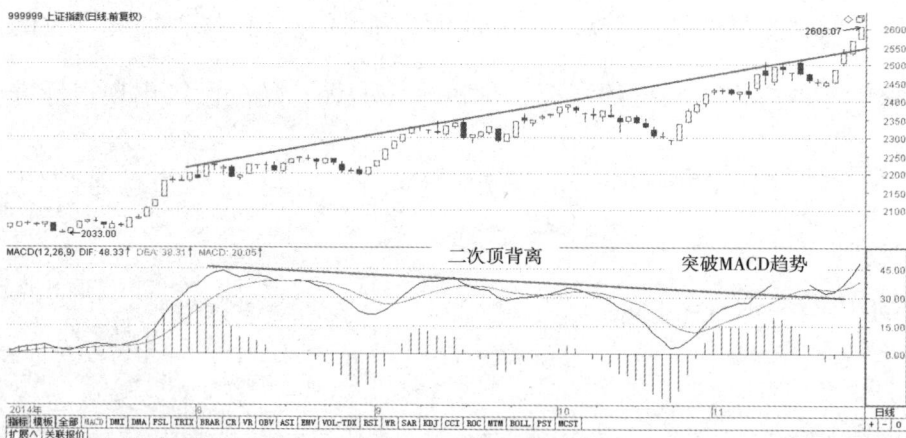

上证指数日K线图

📈 操盘点睛

我们前面说过，发生二次底背离、三次底背离通常发生在持续下跌的过程中，相反，二次顶背离、三次顶背离发生在持续性上涨的过程中。按照原则是要卖的，因为 MACD 的背离信号准确率比较高，做投资就是要做大概率的事。但是在这个案例中，指数发生二次背离后，确实调整，但是调整不久后，MACD 突破下降趋势线，指数也突破上轨进入新一轮拉升行情。

📈 心得感悟

89 西水股份

基本资料：

公司名称	内蒙古西水创业股份有限公司		
英文名称	Xishui Strong Year Co.,Ltd. Inner Mongloia		
曾用简称	G西水,西水股份		
证券简称	西水股份	证券代码	600291
成立日期	1998-12-18	上市日期	2000-07-31
证券类别	A股-主板	经济性质	-
法人代表	郭予丰	总经理	郭予丰
公司董秘	苏宏伟	证券代表	塔娜
公司电话	86-473-4663855;86-473-69 53126	公司传真	86-473-4663855;86-473-69 53126
注册资本 (万元)	109306.44	公司规模 (人)	18300
关联证券	-		
所属行业	保险业		
概念板块	-		
所属指数	上证小盘,中证小盘500指数		
公司网址	-		
公司邮箱	xscy@public.hh.nm.cn;zqtana@126.com;xishuigufen@163.com		
注册地址	内蒙古自治区乌海市		
办公地址	内蒙古乌海市海勃湾滨河区世景苑西4-21号		
主营业务	电子产品的销售；机械设备租赁；软件开发		
经营范围	许可经营项目：无 一般经营项目：水泥生产自动化系统的研制、开发、安装服务；新型水泥及制品的生产、销售；兰炭、铁粉、铜粉、钢材、橡胶制品、动力煤、原煤、无烟煤、烟煤、褐煤、煤泥、焦炭的销售。（依法须经批准的项目，经相关部门批准后方可开展经营活动。）		

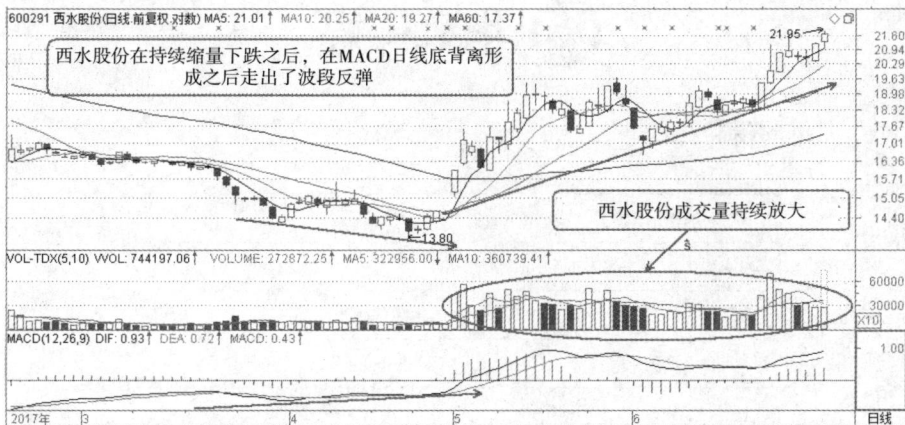

图中文字：
600291 西水股份(日线 前复权 对数) MA5: 21.01↑ MA10: 20.25↑ MA20: 19.27↑ MA60: 17.37↑

西水股份在持续缩量下跌之后，在MACD日线底背离形
成之后走出了波段反弹

21.95

西水股份成交量持续放大

13.80

VOL-TDX(5,10) VVOL: 744197.06↑ VOLUME: 272872.25↓ MA5: 322956.00↑ MA10: 360739.41↑

MACD(12,26,9) DIF: 0.93↑ DEA: 0.72↑ MACD: 0.43↑

2017年　3　4　5　6　日线

操盘点睛

创新低后没有恐慌性抛盘，从侧面来看，说明个股筹码稳定。

对于创新低的个股，很多当股价下杀到前期低点都会有支撑，支撑的力度越强说明主力收集的筹码越多，个股的筹码稳定性越好，不易造成大跌，后续反弹行情也越好。西水股份在创新低附近的支撑有效，后面也走出了很强的反弹行情。

心得感悟

90 华数传媒

基本资料：

公司名称	华数传媒控股股份有限公司		
英文名称	Wasu Media Holding Co.,Ltd.		
曾用简称	*ST嘉瑞,S*ST嘉瑞,安塑股份,嘉瑞新材		
证券简称	华数传媒	证券代码	000156
成立日期	1994-06-30	上市日期	2000-09-06
证券类别	A股-主板	经济性质	-
法人代表	王健儿	总经理	-
公司董秘	王颖铁	证券代表	洪方磊
公司电话	86-571-28327789	公司传真	86-571-28327791
注册资本（万元）	143335.19	公司规模（人）	4952
关联证券	-		
所属行业	广播、电视、电影和影视录音制作业		
概念板块	融资融券标的		
所属指数	沪深300,深证成指,深证300价格指数		
公司网址	www.wasu.com		
公司邮箱	000156@wasu.com		
注册地址	浙江省杭州市滨江区江南大道3850号创新大厦15楼1505室		
办公地址	浙江省杭州市滨江区长江路79号华数白马湖数字电视产业园B座9楼		
主营业务	杭州地区有线电视网络、宽带网络业务及全国范围内新媒体业务。		
经营范围	有线电视、数字电视网络及产业投资，数字通信产业投资，互联网及电视传媒信息服务产业投资。		

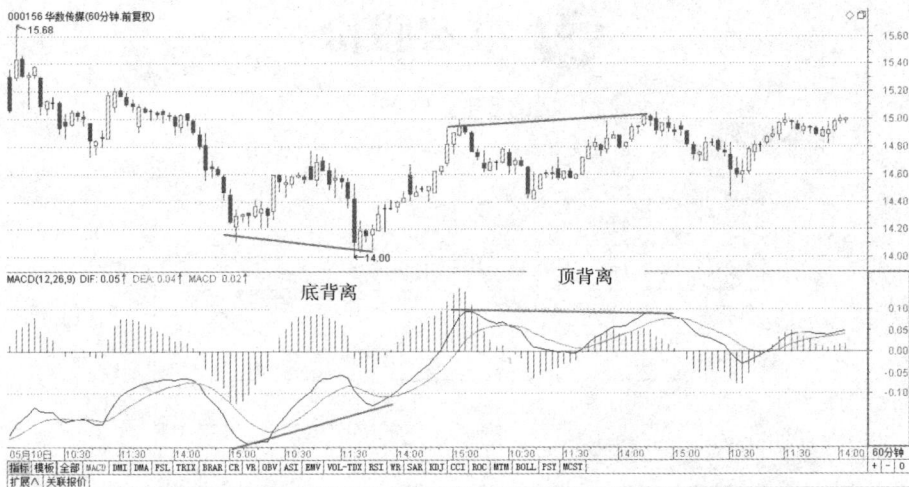

000156 华数传媒(60分钟 前复权)

MACD(12,26,9) DIF: 0.05↑ DEA: 0.04↑ MACD 0.02↑

底背离　　　　顶背离

操盘点睛

底背离买入，顶背离卖出，波段明显，无需要顾虑太多。当然这是最理想的买卖法，但现实操作这种情况也是可以遇到的。

心得感悟

91 维宏股份

基本资料：

公司名称	上海维宏电子科技股份有限公司		
英文名称	Shanghai Weihong Electronic Technology Co.,Ltd.		
曾用简称	–		
证券简称	维宏股份	证券代码	300508
成立日期	2007-06-04	上市日期	2016-04-19
证券类别	A股-创业板	经济性质	–
法人代表	汤同奎	总经理	郑之开
公司董秘	刘明洲	证券代表	何闫闫
公司电话	86-21-33587550;86-21-33587515	公司传真	86-21-33587519
注册资本(万元)	5682.00	公司规模(人)	456
关联证券	–		
所属行业	软件和信息技术服务业		
概念板块	–		
所属指数	创业板		
公司网址	www.weihong.com.cn		
公司邮箱	weihongzq@weihong.com.cn		
注册地址	上海市闵行区联航路1588号1幢业务楼B509室		
办公地址	上海市奉贤区沪杭公路1590号		
主营业务	研发、生产和销售运动控制领域的应用软件。		
经营范围	计算机软件、电子及机电产品专业领域内的技术开发、技术培训、技术咨询、技术服务，计算机软硬件、通讯设备、仪器仪表、机电产品的销售，运动控制系统的组装生产，各类货物及技术的进出口业务。（依法须经批准的项目，经相关部门批准后方可开展经营活动）		

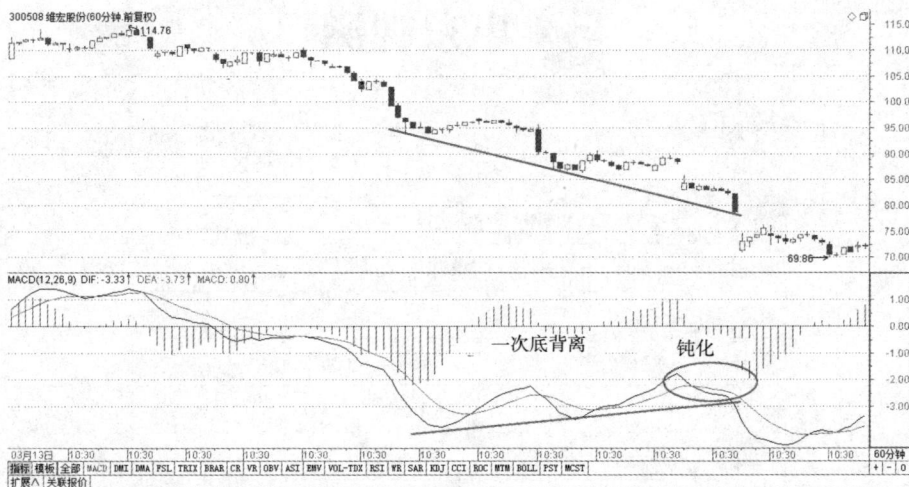

📈 操盘点睛

　　维宏股份形成一次背离后，股价继续下跌，MACD钝化，有形成二次背离的可能性，但是最后没有形成，MACD跌破上升趋势线，背离消失。这种情况该如何操作呢？今天就教会大家一个方法，一次背离时买入，股价创新低卖出，这样即使失败也不会损失多少。

📈 心得感悟

----

92 惠泉啤酒

基本资料：

公司名称	福建省燕京惠泉啤酒股份有限公司		
英文名称	Fujian Yanjing Huiquan Brewery Co.,Ltd.		
曾用简称	G惠泉,惠泉啤酒		
证券简称	惠泉啤酒	证券代码	600573
成立日期	1997-02-04	上市日期	2003-02-26
证券类别	A股-主板	经济性质	–
法人代表	高振安	总经理	高振安
公司董秘	程晓梅	证券代表	程晓梅,高忠来
公司电话	86-595-87396105	公司传真	86-595-87384369
注册资本（万元）	25000.00	公司规模（人）	2444
关联证券	–		
所属行业	酒、饮料和精制茶制造业		
概念板块	–		
所属指数	–		
公司网址	www.hqbeer.com		
公司邮箱	hqbeer@hqbeer.com		
注册地址	福建省泉州市惠安县螺城镇惠泉北路1999号		
办公地址	福建省泉州市惠安县螺城镇惠泉北路1999号		
主营业务	啤酒、饮料制造和销售。		
经营范围	酒、饮料的制造；酒、饮料、纸制品、玻璃啤酒瓶、金属包装容器、米、啤酒麦芽的销售；酒、饮料的技术开发、咨询；普通货物道路运输；房屋租赁；会议及展览服务；对外贸易。		

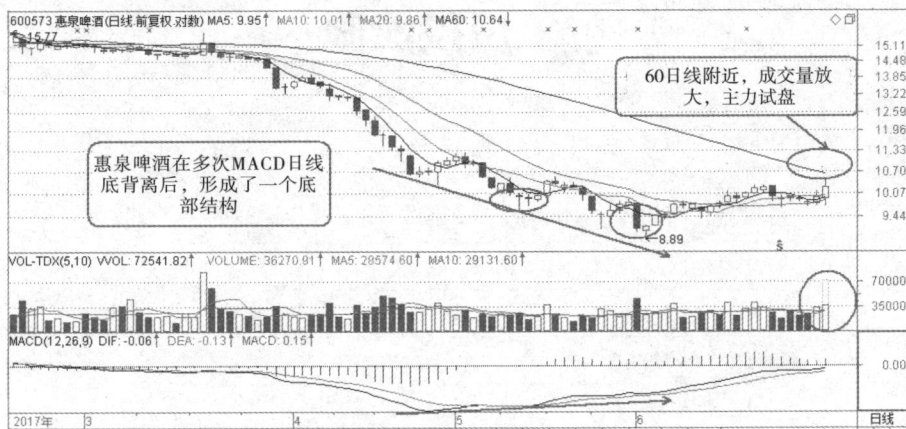

惠泉啤酒在多次MACD日线底背离后，形成了一个底部结构

60日线附近，成交量放大，主力试盘

操盘点睛

每一只股票都有特定的主力在场,多次形成MACD日线底背离,也说明了主力在反复洗盘。

对于超跌反弹，我们在操作中预期不能定太高，特别是老题材没多少想象空间的行业，反弹的高度也比较有限，资金做它的概率不高，像惠泉啤酒这种消费类传统行业个股，在形成MACD日线底背离后，反弹受60日线的压制，资金做多热情不高。

心得感悟

93 川投能源

基本资料：

公司名称	四川川投能源股份有限公司		
英文名称	Sichuan Chuantou Energy Co.,Ltd.		
曾用简称	G川投,川投控股,川投能源,四川峨铁		
证券简称	川投能源	证券代码	600674
成立日期	1988-04-18	上市日期	1993-09-24
证券类别	A股-主板	经济性质	国有控股
法人代表	刘国强	总经理	杨洪
公司董秘	龚圆	证券代表	谢洪先
公司电话	86-28-86098649	公司传真	86-28-86098648
注册资本(万元)	440214.05	公司规模(人)	880
关联证券	公司债-13川投01(122295)		
所属行业	电力、热力生产和供应业		
概念板块	融资融券标的		
所属指数	沪深300,上证小盘,上证380		
公司网址	www.scte.com.cn		
公司邮箱	mail@scte.com.cn;gongyuan@invest.com.cn		
注册地址	四川省成都市武侯区龙江路11号		
办公地址	四川省成都市武侯区临江西路1号		
主营业务	电力开发、电力生产经营，电力行业技术服务和咨询。		
经营范围	主营：电力开发、电力生产经营，电力行业技术服务和咨询；兼营：铁路、交通系统自动化及智能控制产品开发、制造、销售、光纤、光缆生产经营。		

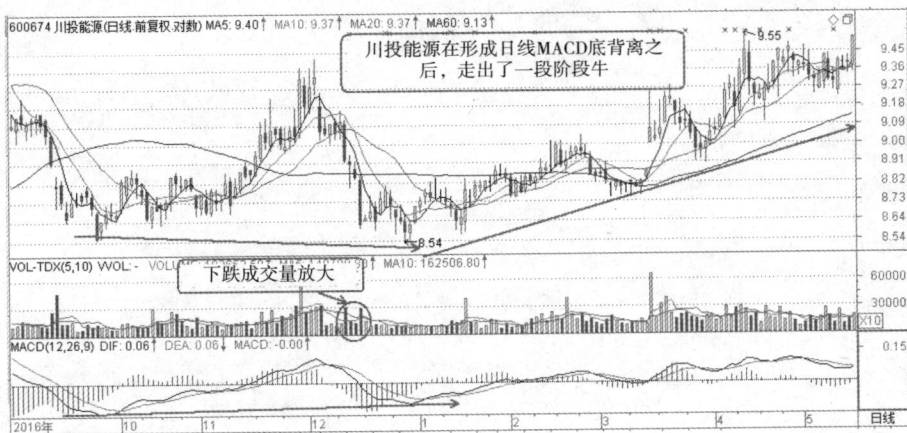

图中标注：
- 川投能源在形成日线MACD底背离之后，走出了一段阶段牛
- 下跌成交量放大

操盘点睛

在加速下跌的途中，成交量放大，说明恐慌盘出来了，那么这部分的抛压出来后，对后面的反弹行情也比较顺畅，抛压明显比之前小了，把不坚定的筹码洗出去了。这也是主力经常用的操作手法，在创新低附近连续的杀跌，磨人的行情交换了便宜的筹码。

心得感悟

94 金瑞矿业

基本资料：

公司名称	青海金瑞矿业发展股份有限公司
英文名称	Qinghai Jinrui Mineral Development Co.,Ltd.
曾用简称	*ST金瑞,G金瑞矿,ST金瑞,金瑞矿业,山川股份

证券简称	金瑞矿业	证券代码	600714
成立日期	1996-05-25	上市日期	1996-06-06
证券类别	A股-主板	经济性质	-
法人代表	程国勋	总经理	任小坤
公司董秘	李军颜	证券代表	甘晨霞
公司电话	86-971-6321867；86-971-6321653	公司传真	86-971-6330915
注册资本(万元)	28817.63	公司规模(人)	212

关联证券	-
所属行业	煤炭开采和洗选业
概念板块	-
所属指数	-
公司网址	-
公司邮箱	scgfxx@public.xn.qh.cn;ljyjrky@163.com;rensucai@sina.com
注册地址	青海省西宁市新宁路36号
办公地址	青海省西宁市新宁路36号
主营业务	公司主营业务包括煤炭业务和锶盐业务。
经营范围	矿业开发、加工、销售；锶业系列产品的研究、生产、销售；矿业工程咨询、技术服务；化工产品（不含化学危险品）的生产、销售；高科技产品开发、资源开发；其他矿产品开发、加工、冶炼；证券投资、股权投资、企业收购与兼并；机械加工制造；产品技术开发；汽车零配件批发、零售；冶金设备、除尘设备及非标设备制作、安装；出口本企业自产的化工产品及本企业自产产品和技术；进口本企业生产所需的原辅材料、仪器仪表、机械设备、零配件及技术；经营进料加工和三来一补业务。（以上经营项目国家明令禁止的除外，涉及许可证的凭许可证经营）。

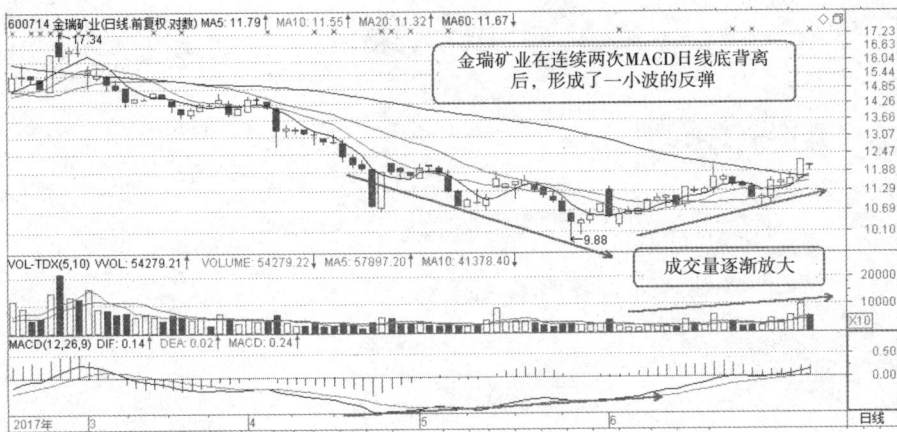

金瑞矿业在连续两次MACD日线底背离后，形成了一小波的反弹

成交量逐渐放大

操盘点睛

　　金瑞矿业在反复的下跌后，出现了阳包阴 K 线组合，后面继续震荡下跌，但是心细的可以发现：在最后一轮的下跌中，股价下移了，但是 MACD 没有下移，逐渐形成了日线的底背离结构，后续走出了反弹行情。

心得感悟

95 东软集团

基本资料：

公司名称	东软集团股份有限公司		
英文名称	Neusoft Corporation		
曾用简称	G东软,东大阿派,东软股份		
证券简称	东软集团	证券代码	600718
成立日期	1991-06-17	上市日期	1996-06-18
证券类别	A股-主板	经济性质	中外合资
法人代表	刘积仁	总经理	王勇峰
公司董秘	王楠	证券代表	李峰
公司电话	86-24-83662115	公司传真	86-24-23783375
注册资本（万元）	124319.77	公司规模（人）	18052
关联证券	-		
所属行业	软件和信息技术服务业		
概念板块	融资融券标的		
所属指数	沪深300,上证中盘,上证180		
公司网址	www.neusoft.com		
公司邮箱	investor@neusoft.com		
注册地址	辽宁省沈阳市浑南新区新秀街2号		
办公地址	辽宁省沈阳市浑南新区新秀街2号东软软件园		
主营业务	以软件开发和软件服务、系统集成及提供全面解决方案、医疗系统产品生产和销售为主要业务领域的高科技企业。		
经营范围	计算机、软件、硬件、机电一体化产品开发、销售、安装,计算机软件技术开发、技术转让、技术咨询服务,场地租赁,计算机软、硬件租赁,CT机生产,物业管理,交通及通信、监控、电子工程安装,安防设施设计与施工,建筑智能化工程的施工,医用电子仪器设备批发、临床检验分析仪器批发,汽车零部件及配件、通讯系统设备的批发和零售,通讯终端设备的设计、技术开发、技术咨询、技术服务、测试及售后服务,多媒体智能支付终端设备、集成电路卡及集成电路卡读写机的研发、设计、生产、销售及售后服务,健康信息管理及咨询服务（以上经营项目不含诊疗）。经营本企业自产产品及技术进出口业务和本企业所需的机械设备、零配件、原辅材料及技术的进口业务,但国家限定或禁止进出口的商品及技术除外。（依法须经批准的项目,经相关部门批准后方可开展经营活动。）		

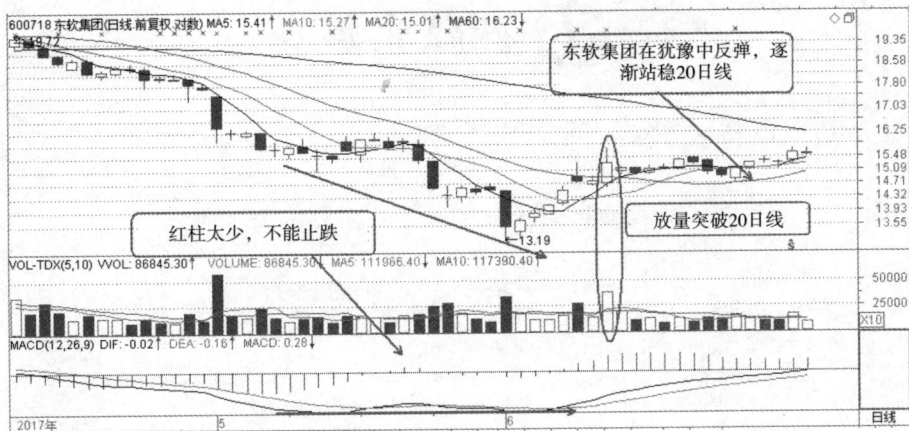

📈 操盘点睛

　　下跌趋势中的抢反弹需要很强的辨识能力，在股价看似止跌的时候，MACD红柱慢慢探头时，往往还有最后一杀，形成日线的底背离。

　　在MACD形成日线底背离后，买入做反弹的同时要观察股价上行的压力位，例如东软集团在反弹到20日线时有一定的压力，但当放量突破站稳时便形成了支撑位。

📈 心得感悟

96 西藏旅游

基本资料：

公司名称	西藏旅游股份有限公司		
英文名称	Tibet Tourism Co.,Ltd.		
曾用简称	*ST藏圣地,G圣地,ST藏圣地,西藏圣地		
证券简称	西藏旅游	证券代码	600749
成立日期	1996-09-28	上市日期	1996-10-15
证券类别	A股-主板	经济性质	-
法人代表	欧阳旭	总经理	欧阳旭
公司董秘	汝易	证券代表	张晓龙
公司电话	86-891-6339150	公司传真	86-891-6339041
注册资本（万元）	18913.79	公司规模（人）	946
关联证券	-		
所属行业	公共设施管理业		
概念板块	-		
所属指数	-		
公司网址	www.600749.com		
公司邮箱	xzly@tibtour.com		
注册地址	西藏自治区拉萨市林廓东路6号		
办公地址	西藏自治区拉萨市林廓东路6号		
主营业务	旅游景区资源开发与经营业务、旅游服务业务、传媒文化业务。		
经营范围	旅游资源及旅游景区的开发经营；旅游观光、徒步、特种旅游、探险活动的组织接待（仅限分公司经营）；酒店投资与经营，文化产业投资与经营【依法须经批准的项目，经相关部门批准后方可开展经营活动】。		

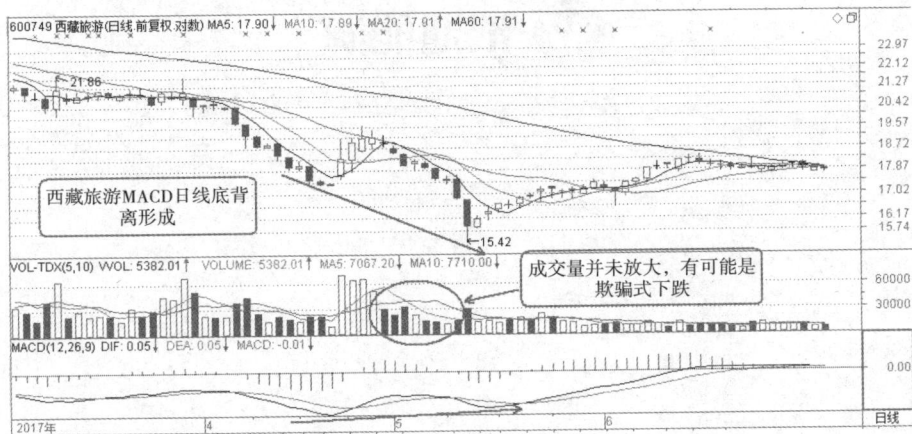

西藏旅游MACD日线底背离形成

成交量并未放大，有可能是欺骗式下跌

操盘点睛

缩量下跌，并且伴随着 MACD 日线底背离的形成，后市反弹的概率很大。

透过西藏旅游可以发现，最后一波下跌是缩量的，后市在形成 MACD 日线底背离的同时，走出了反弹行情。这轮反弹行情目标位置，是最后下跌的起始位置，刚好也是 60 日线。

心得感悟

97 汇通能源

基本资料：

公司名称	上海汇通能源股份有限公司		
英文名称	Shanghai Huitong Energy Co.,Ltd.		
曾用简称	G轻机,轻工机械		
证券简称	汇通能源	证券代码	600605
成立日期	1991-12-25	上市日期	1992-03-27
证券类别	A股-主板	经济性质	–
法人代表	郑树昌	总经理	米展成
公司董秘	邵宗超	证券代表	邢继辉
公司电话	86-21-62560000*108;86-21-62560000*147	公司传真	86-21-62566022
注册资本（万元）	14734.46	公司规模（人）	87
关联证券	–		
所属行业	批发业		
概念板块	–		
所属指数	–		
公司网址	www.huitongenergy.com		
公司邮箱	securities@huitongenergy.com;shaozongchao@huitongenergy.com; xingjihui@huitongenergy.com		
注册地址	上海市康桥路1100号		
办公地址	上海南京西路1576号轻工机械大厦4楼		
主营业务	轻工机械及成套设备的制造、销售。		
经营范围	风力发电的企业投资；投资咨询（除经纪），实业投资，投资管理，资产管理；物业管理，水暖电安装建设工程作业；自有房屋租赁；销售建筑材料，装潢材料，金属材料，卫生洁具，五金交电，木材；生产经营轻工机械，原辅材料，配套容器，包装物，电脑软硬件，配件及IC卡，有色金属，黑色金属，钢材，化工原料（除专项规定），家电产品，建材、装潢材料，通讯设备，销售润滑油、润滑脂及相关技术服务，自营和代理各类商品及技术的进出口业务；但国家限定公司经营和国家禁止进出口的商品及技术除外，经营进料加工和'三来一补'业务，开展对销贸易和转口贸易。		

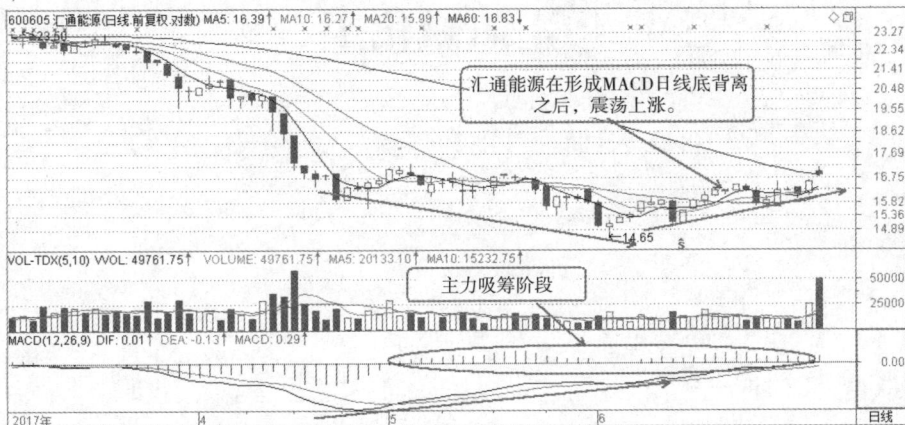

📈 操盘点睛

股票的上涨都要先经过吸筹、洗盘、再拉升的过程，上涨的高度也与个股的市场活跃度有关。

在均线粘合的个股中，通常主力的筹码都较为集中了，这个时候的洗盘幅度也会偏小，均线的支撑对于散户来说还是很有说服力的，也是一个心理价位。在出现MACD日线底背离后，形成了小反弹，MACD红柱也还在持续放长。但是对于这种超跌反弹，在60日线附近都会是个压力位。

📈 心得感悟

98 氯碱化工

基本资料：

公司名称	上海氯碱化工股份有限公司		
英文名称	Shanghai Chlor-Alkali Chemical Co.,Ltd.		
曾用简称	G氯碱,氯碱化工		
证券简称	氯碱化工	证券代码	600618
成立日期	1992-07-04	上市日期	1992-11-13
证券类别	A股-主板	经济性质	-
法人代表	黄岱列	总经理	张伟民
公司董秘	董燕	证券代表	陈丽华
公司电话	86-21-23533113;86-21-643 42640	公司传真	86-21-64340817
注册资本（万元）	115640.00	公司规模（人）	915
关联证券	B股-氯碱B股(900908)		
所属行业	化学原料和化学制品制造业		
概念板块	-		
所属指数	中证小盘500指数		
公司网址	www.scacc.com		
公司邮箱	dshmss@scacc.com;shxpw@126.com;shqy0227@126.com		
注册地址	上海市龙吴路4747、4800号		
办公地址	上海市龙吴路4747号		
主营业务	制造和销售聚氯乙烯、烧碱、氯系列等基本化工原料及加工产品。		
经营范围	生产烧碱、氯、氢、氟和聚氯乙烯系列化工原料及加工产品；化工机械设备、生产用化学品、原辅材料、包装材料、化物运输，自有设备租赁，仓储。销售自产产品及与自产产品同类的商品；与自产产品同类的商品的进出口、批发、佣金代理（不含拍卖），并提供相关配套服务。以上经营范围涉及配额许可证管理、危险化学品管理及专项规定管理的商品按照国家有关规定办理，涉及许可经营的凭许可证经营。以上经营范围包括承办中外合资经营、合作生产以及"三来一补"业务。		

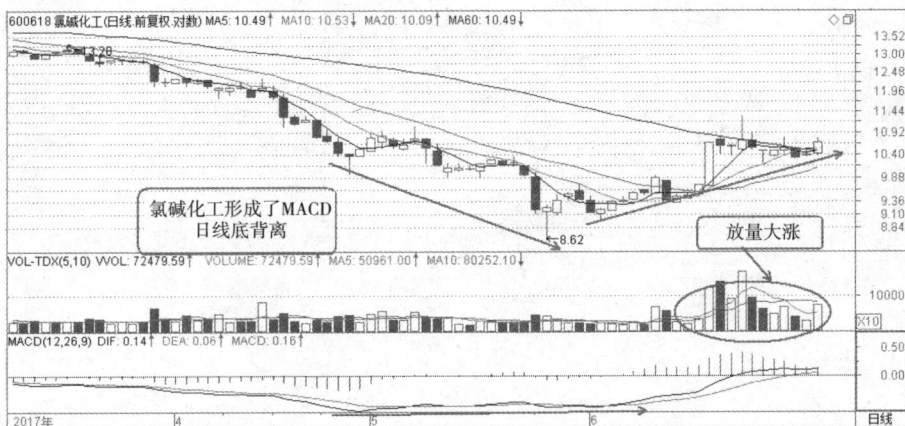

氯碱化工形成了MACD
日线底背离

放量大涨

操盘点睛

反弹趋势的确立，通常需要大阳线的配合。

在操作超跌反弹中，我们都会遇到一个问题，就是这轮反弹流不流畅，这很考验我们持股的耐心。像氯碱化工，这种反弹流畅的股票是较难得的，在底背离形成不久便出现了涨停板，足够振奋人心。

放量大涨突破20日线的压制后，氯碱化工缩量回踩，趋势也较为健康。

心得感悟

99 华谊集团

基本资料：

公司名称	上海华谊集团股份有限公司		
英文名称	Shanghai Huayi Group Corporation Limited		
曾用简称	G轮胎,轮胎橡胶,双钱股份		
证券简称	华谊集团	证券代码	600623
成立日期	1992-08-30	上市日期	1992-12-04
证券类别	A股-主板	经济性质	-
法人代表	刘训峰	总经理	王霞
公司董秘	方广清	证券代表	袁定华
公司电话	86-21-23530180;86-21-235 30231;86-21-23530152	公司传真	86-21-64456042*880152
注册资本（万元）	211743.09	公司规模（人）	13384
关联证券	B股-华谊B股(900909)		
所属行业	化学原料和化学制品制造业		
概念板块	-		
所属指数	上证380,上证小盘		
公司网址	www.doublecoinholdings.com		
公司邮箱	guchunlin@shhuayi.com;sunwen@shhuayi.com		
注册地址	上海市常德路809号		
办公地址	上海市静安区常德路809号华谊综合大厦		
主营业务	化工产品、汽车轮胎等的生产和销售		
经营范围	化工产品（危险化学品按许可证许可的范围经营）、塑料、涂料、颜料、染料等相关产品的批发、进出口、佣金代理（拍卖除外）及相关配套业务；研发、生产轮胎、力车胎，胶鞋及其他橡胶制品和前述产品的配件、橡胶原辅材料、橡胶机械、模具、轮胎橡胶制品钢丝；销售自产产品。【不涉及国营贸易管理商品，涉及配额、许可证管理商品的，按国家有关规定办理申请；企业经营涉及行政许可的，凭许可证件经营】（以上各项以政府登记机关核定为准）		

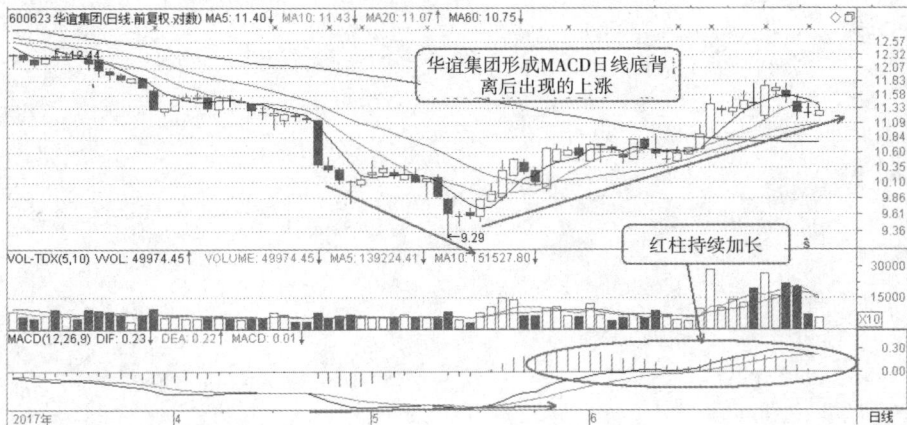

图中标注文字：
- 华谊集团形成MACD日线底背离后出现的上涨
- 红柱持续加长
- 9.29

操盘点睛

量能的持续性决定了反弹行情能走多远。

华谊集团在探底过程中，出现了 MACD 日线底背离，当时的 K 线收了两根底部十字星，后面便展开了反弹行情。这种底部缩量十字星尤为关键，很多底部结构都是如此，后面配合着量能放大，展开超跌反弹。在形成 MACD 日线底背离后，我们要关注的是量能的变化，能否持续放大决定了反弹的高度。

心得感悟

图书延伸阅读

99股市 进阶丛书第一辑
掘金强势股

私募操盘私房菜丛书

主力多少事 尽在分时图
分时涨停战法 99例

拉升有真假 谋定而后动
急速拉升战法 99种

看懂牛股谱 筑起黄金屋
解剖牛股图谱 99幅

私募老总的炒股干货
超级战法与操盘经验

私募老总的炒股干货
主力追踪与资本运作

私募老总的炒股干货
技术分析与实战技巧

掘金次新股
私募操盘日记(第一季)
和"吴次新"一起,寻找3年10倍大牛股

私募老总
教你学炒股